本書の特色と使い方

全て印刷・コピーして学校で使えます。

児童が書きやすいB4かA3に拡大コピーしてお使いください。

本書で適切な評価ができます。

各社の教科書を徹底研究して，観点別のテストを作成しました。
各学年・各単元で必要な基礎基本を評価するのに役立ちます。

どの単元も観点別評価ができます。（一部単元を除く）

どの単元でも「知識・技能」と「思考・判断・表現」の2つの観点で評価できます。2つの観点ともに対等な点数配分（100点満点）で構成しているため，観点別の評価が適切にできます。

選べるA・B　2タイプの評価テスト（一部単元を除く）

Aでは基礎基本の定着をねらいとした問題構成に，Bでは一層の学習内容の定着をねらいとして発展的内容も加え，問題数を多くした構成にしています。
児童の実態や単元の重要度に応じて，選んで使用できます。

テストの前にも使えます。

市販のテストを使用される学級でも，本書を活用して単元のまとめができます。市販のテストの前に本書のテストを活用することで，確実な学力がつきます。

学習準備プリントで既習内容の確認ができます。

新たな単元を学習する上で必要な基礎基本を振り返り，内容の定着を確かめることができます。児童の学習の準備とともに，学習計画を立てる上でも役立てることができます。

JN094497

3年　目次

月　　日

かけ算

名前

1 計算をしましょう。(5×8)

(1)	2×6	2×7	2×8	2×5	2×3	2×1
(2)	5×4	5×9	5×7	5×6	5×8	5×3
(3)	3×8	3×7	3×9	3×6	3×4	3×5
(4)	4×7	4×8	4×9	4×6	4×3	4×2
(5)	9×6	9×7	9×8	9×5	9×4	9×3
(6)	8×9	8×6	8×4	8×3	8×7	8×2
(7)	6×8	6×7	6×9	6×4	6×3	6×1
(8)	7×6	7×4	7×8	7×9	7×3	7×5

2 絵を見て，式と答えを書きましょう。(5×8)

(1) 金魚は全部《ぜんぶ》で何ひきですか。

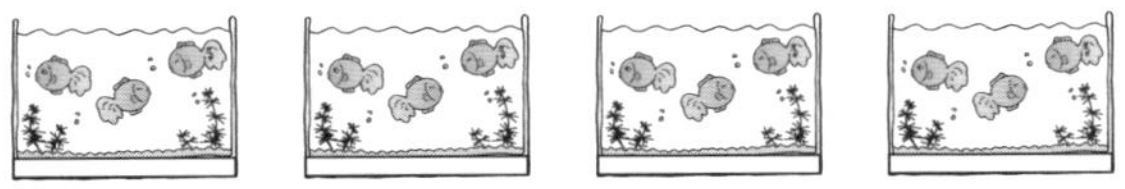

式《しき》

答え

(2) トンボの羽は，全部で何まいですか。

式

答え

(3) たこやきは，全部で何こですか。

式

答え

(4) ★の数は，全部で何こですか。

★★★★★
★★★★★
★★★★★

式

答え

3 あめが９こ入っている箱《はこ》が，７箱あります。あめは，全部で何こありますか。(5×2)

式

答え

4 ３週間は，全部で何日ですか。(5×2)

式

答え

(A3 141%・B4 122%拡大)

知識技能 A　　　　月　　日

かけ算

名前＿＿＿＿＿＿＿＿

1　下の表は，とく点ゲームのけっかです。(5×6)

点数	3点	2点	1点	0点	合計
回数	0回	4回	2回	4回	10回
とく点	㋐	8点	2点	㋑	㋒

(1) 3点は0回でした。
㋐の点数をもとめましょう。

式《しき》　3×□＝□

答え＿＿＿＿＿＿

(2) 0点は4回でした。
㋑の点数をもとめましょう。

式

答え＿＿＿＿＿＿

(3) とく点の合計㋒をもとめましょう。

式

答え＿＿＿＿＿＿

2　□にあてはまる数を書きましょう。(5×4)

(1) 4×□＝20

(2) 6×□＝42

(3) □×3＝24

(4) □×7＝28

3　かけ算をしましょう。(5×5)

(1) 10×5

(2) 4×10

(3) 6×0

(4) 0×8

(5) 0×0

4　□にあてはまる数を書きましょう。(5×5)

(1) 5×4の答えは5×3よりも□大きい。

(2) 6×4の答えは6×5よりも□小さい。

(3) 3×6＝3×5＋□

(4) 7×3＝7×2＋□

(5) 4×6＝4×7－□

(A3 141%・B4 122%拡大)

月　日

かけ算

名前

1　1かごにみかんが5こずつ入っています。それが10かごあると，みかんは全部《ぜんぶ》で何こになりますか。(10×2)

式《しき》

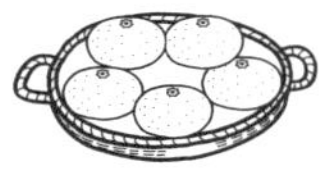

答え

2　1箱《はこ》にキャラメルが10こずつ入っています。その箱が7箱あると，キャラメルは全部で何こになりますか。(10×2)

式

答え

3　1まい6円のレジぶくろを10まい買うと，何円になりますか。(10×2)

式

答え

4　★は，何こありますか。
右の図のように，㋐と㋑に分けて考えます。
それぞれの式を書いてもとめましょう。

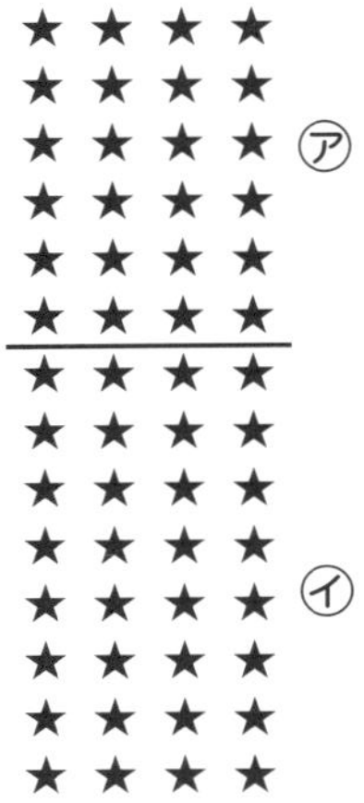

(1)　㋐の★の数は，何こですか。(5×2)

式

答え

(2)　㋑の★の数は，何こですか。(5×2)

式

答え

(3)　㋐と㋑の★の数を合わせると，全部で何こになりますか。(5×2)

式

答え

(4)　このようなもとめ方は，かけ算のどちらのきまりを使《つか》ったものですか。(　　)に○をつけましょう。(10)

(　　)　かけ算はかけられる数やかける数を分けて計算しても，合わせれば，答えは同じになる。

(　　)　かけ算はかける数とかけられる数を入れかえて計算しても，答えは同じになる。

(A3 141%・B4 122%拡大)

月　日

かけ算

名前

1 下の表は，とく点ゲームのけっかです。(4×6)

点数（点）	3	2	1	0	合計
回数（回）	0	5	2	3	10
とく点（点）	あ	10	2	い	う

(1) 3点は0回でした。あの点数をもとめましょう。

式《しき》

答え

(2) 0点は3回でした。いの点数をもとめましょう。

式

答え

(3) とく点の合計うをもとめましょう。

式

答え

2 □にあてはまる数を書きましょう。(4×6)

(1) 7×5の答えは，7×4よりも□大きい。

(2) 4×7の答えは，4×8よりも□小さい。

(3) 5×8＝5×7＋□

(4) 8×6＝8×5＋□

(5) 6×6＝6×7－□

(6) 9×5＝9×6－□

3 かけ算をしましょう。(4×5)

(1) 10×6

(2) 7×10

(3) 0×3

(4) 15×0

(5) 0×0

4 □にあてはまる数を書きましょう。(1)～(4) 4×4，(5)～(6) 8×2

(1) 4×□＝28

(2) 6×□＝48

(3) □×3＝15

(4) □×9＝54

(5) 14×5 ＜ □×5＝□ ／ 10×5＝50

合わせて □

(6) 6×12 ＜ 6×5＝30 ／ 6×□＝□

合わせて □

(A3 141%・B4 122%拡大)

月　日

かけ算

名前

[1] 5 × 10 の答えをもとめます。
りなさん，さおりさん，しょうごさんが書いた式《しき》は，どのようなかけ算のきまりを使《つか》いましたか。下からえらんで，記号を書きましょう。(10 × 3)

りなさん　5 × 9 + 5 = 50　☐

さおりさん
5 × 6 = 30
5 × 4 = 20
30 + 20 = 50　☐

しょうごさん　10 × 5 = 50　☐

ア　かける数とかけられる数を入れかえて計算しても答えは同じ。
イ　かける数を分けて計算しても答えは同じ。
ウ　かける数が 1 ふえると，答えはかけられる数だけ大きくなる。

[2] 1 ふくろにミニトマトを 10 こずつ入れます。8 ふくろ作るには，ミニトマトは何こいりますか。(5 × 2)

式

答え

[3] 1 人に 7 まいずつ，10 人におり紙をくばります。おり紙は何まいいりますか。(5 × 2)

式

答え

[4] 10 円玉が 10 まいで，何円になりますか。(5 × 2)

式

答え

[5] 10 円のあめを 9 こ買って 500 円をはらうと，おつりは，何円になりますか。(5 × 2)

式

答え

[6] 10 まい入りのガムを 4 こと，6 まい入りのガムを 3 こ買いました。ガムは，全部《ぜんぶ》で何まいになりますか。(5 × 2)

式

答え

[7] ■の数をもとめましょう。
また，その考え方を図を使ってせつ明しましょう。(5 × 2)

式

答え

考え方のせつ明 (10)

(A3 141%・B4 122%拡大)

月　日

時こくと時間

名前

1 □にあてはまる数を書きましょう。(5×5)

(1) 1日＝□時間　(2) 1時間＝□分

(3) 午前は□時間　午後は□時間

(4) 1時間20分＝□分　(5) 90分＝□時間□分

2 □にあてはまる言葉《ことば》を書きましょう。(5×3)

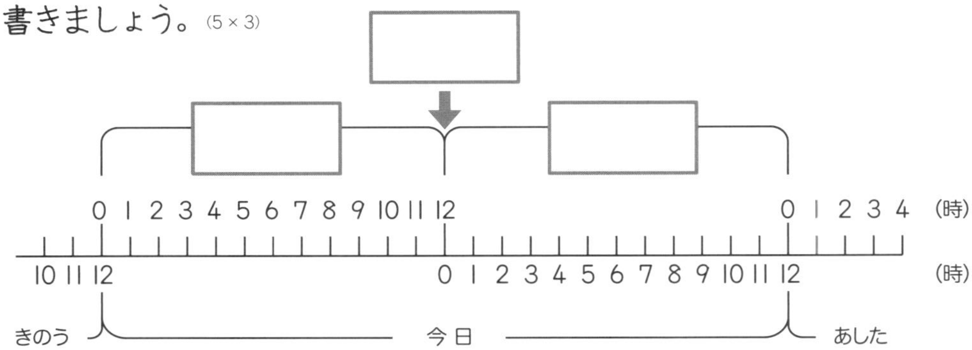

3 時計を見て，時こくを答えましょう。(5×8)

(1)

1時間前□時□分
1時間後□時□分
30分前□時□分
30分後□時□分

(2)

1時間前□時□分
1時間後□時□分
30分前□時□分
30分後□時□分

4 2つの時計の時こくを読み，その時間も答えましょう。(時こく完答5×2・時間5×2)

(1) 遊《あそ》び始《はじ》めた時こく

□時□分

□分間

遊びをやめた時こく

□時□分

(2) 学校へ行く時こく

午前□時

□時間

家へ帰った時こく

午後□時

(A3 141%・B4 122%拡大)

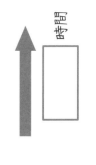

時こくと時間

名前

1　□にあてはまる時間の単位《たんい》（秒《びょう》，分，時）を書きましょう。(5×4)

(1)　学校きゅう食の時間
30 □ 間

(2)　夜にねている時間
8 □ 間

(3)　50m を走った時間
9 □ 間

(4)　時計の短《みじか》いはりが１しゅうする時間
12 □ 間

2　□にあてはまる数を書きましょう。(5×4)

(1)　1分 ＝ □ 秒

(2)　1分 30 秒 ＝ □ 秒

(3)　80 秒 ＝ □ 分 □ 秒

(4)　100 秒 ＝ □ 分 □ 秒

3　時間の長い方に○をつけましょう。(5×2)

(1)　（　　）115 秒　・　（　　）1分 45 秒

(2)　（　　）3分　・　（　　）300 秒

4　時計を見て，次《つぎ》の時こくを答えましょう。(5×5)

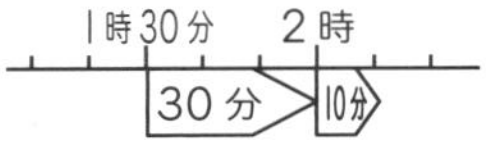

(1) 
40 分後の時こく
□ 時 □ 分

(2) 
50 分後の時こく
□ 時 □ 分

(3) 
40 分後の時こく
□ 時 □ 分

(4) 
40 分前の時こく
□ 時 □ 分

(5) 
40 分前の時こく
□ 時 □ 分

5　時計を見て，何分間たっているかを答えましょう。(5×3)

(1) 
□ 分間

(2) 
□ 分間

(3) 
□ 分間

6　35 分と 40 分を合わせた時間を，２つの言い方で答えましょう。(5×2)

□ 分間

□ 時間 □ 分

(A3 141%・B4 122%拡大)

時こくと時間

名前

1　買い物をするお店まで 50 分かかります。
午後 1 時 40 分に出ると，お店には何時何分に着《つ》きますか。
午後 2 時を区《く》切りにして考えましょう。(10×3)

(1)　午後 1 時 40 分から午後 2 時までの時間は，何分間ですか。

答え

(2)　午後 2 時からは，後何分間かかりますか。

答え

(3)　午後何時何分に着きますか。

答え

2　たいがさんは，午後 1 時 45 分から午後 2 時 25 分まで走りました。
たいがさんは，何分間走っていましたか。
午後 2 時を区切りにして考えましょう。

(1)　午後 1 時 45 分から午後 2 時までの時間は，何分間ですか。(10)

答え

(2)　たいがさんが走ったのは，何分間ですか。(10)

答え

3　午前 7 時 50 分に家を出て，駅《えき》へ向かいました。駅には午前 8 時 15 分に着きました。何分間で駅に着きましたか。
午前 8 時を区切りにして考えましょう。(10×3)

(1)　午前 7 時 50 分から午前 8 時までの時間は，何分間ですか。

答え

(2)　午前 8 時から何分間かかっていますか。

答え

(3)　家から駅まで何分間かかりましたか。

答え

4　サイクリングをします。目てき地まで 1 時間 40 分かかります。午前 9 時 10 分にスタートすると，午前何時何分に目てき地に着きますか。
1 時間 40 分を 1 時間と 40 分に分けて考えましょう。

(1)　午前 9 時 10 分の 1 時間後は，午前何時何分ですか。(10)

答え

(2)　午前何時何分に着きますか。(10)

答え

(A3 141%・B4 122%拡大)

月　日

時こくと時間

名前

1　□にあてはまる時間の単位《たんい》（秒《びょう》，分，時）を書きましょう。(4×3)

(1) 学校のそうじの時間　15 □ 間

(2) 学校にいる時間　7 □ 間

(3) 25m を泳《およ》いだ時間　31 □ 間

2　□にあてはまる数を書きましょう。(4×5)

(1) 1 分 ＝ □ 秒

(2) 1 分 15 秒 ＝ □ 秒

(3) 80 秒 ＝ □ 分 □ 秒

(4) 95 秒 ＝ □ 分 □ 秒

(5) 150 秒 ＝ □ 分 □ 秒

3　次《つぎ》の時間を，短《みじか》いじゅんに記号《きごう》で書きましょう。(4×2)

(1) ㋐ 1 分 20 秒　㋑ 100 秒　㋒ 2 分

□ ➡ □ ➡ □

(2) ㋐ 115 秒　㋑ 2 分 5 秒　㋒ 1 分 50 秒

□ ➡ □ ➡ □

4　次の時間を，2 つの言い方で答えましょう。(5×4)

(1) 80 分と 20 分を合わせた時間

□ 分間

□ 時間 □ 分

(2) 1 時間 50 分と 40 分を合わせた時間

□ 分間

□ 時間 □ 分

5　時計を見て，次の時こくをもとめましょう。(4×5)

(1) 40 分後の時こく

□ 時 □ 分

(2) 45 分後の時こく

□ 時 □ 分

(3) 50 分後の時こく

□ 時 □ 分

(4) 40 分前の時こく

□ 時 □ 分

(5) 45 分前の時こく

□ 時 □ 分

6　時計を見て，何分間たっているかをもとめましょう。(4×5)

(1)

□ 分間

(2)

□ 分間

(3)

□ 分間

(4)

□ 分間

(5)

□ 分間

(A3 141%・B4 122%拡大)

時こくと時間

名前

1　なぎとさんは，前半の 50m はクロールで 52 秒《びょう》で泳《およ》ぎ，後半の 50m は平《ひら》泳ぎで 55 秒で泳ぎました。合わせて何秒間になりますか。
　また，それは何分何秒間ですか。(5×3)

式《しき》

答え　　　秒間　　　　分　　　秒間

2　鉄ぼうでぶら下がりきょうそうをしました。
　みおさんは 2 分，けいたさんは 58 秒でした。
　みおさんの方が何間秒長くできましたか。
　また，それは何分何秒間ですか。(5×3)

式

答え　　　秒間　　　　分　　　秒間

3　ハイキングに行きました。行きは 1 時間 20 分歩きました。帰りは 45 分歩きました。
　行きと帰りで合わせて何分間歩きましたか。
　また，それは何時間何分間ですか。(5×3)

式

答え　　　分間　　　　時間　　　分間

4　午前 10 時 45 分に家を出てえい画館へ向《む》かいました。えい画館には午前 11 時 10 分に着《つ》きました。何分間かかりましたか。(10)

答え

5　午後 2 時 25 分から午後 3 時 5 分まで電車に乗《の》っていました。電車に乗っていたのは，何分間ですか。(10)

答え

6　家から公園までは 25 分間かかります。
　公園で，午前 10 時 15 分から遊《あそ》ぶやくそくをしました。午前何時何分に家を出れば，間に合いますか。
　午前 10 時を区切りにして考えましょう。(10×2)

(1)　10 時からは 15 分間です。
　10 時何分前に家を出れば
　いいですか。

答え

(2)　午前何時何分に家を出れば間に合いますか。

答え

7　山登《のぼ》りに出かけます。ちょう上まで，1 時間 20 分かかります。午前 11 時 45 分にはちょう上につきたいと思います。
　午前何時何分に出発《しゅっぱつ》すればいいですか。
　1 時間 20 分を 1 時間と 20 分に分けて考えましょう。

(1)　午前 11 時 45 分の 1 時間前は，午前何時何分ですか。(5)

答え

(2)　午前何時何分に出発すればいいですか。(10)

答え

月　日

わり算

名前

1 □にあてはまる数を書きましょう。(5×16)

(1) 2×□＝12　(2) 5×□＝20　(3) 3×□＝24

(4) 4×□＝24　(5) 9×□＝54　(6) 8×□＝40

(7) 6×□＝18　(8) 7×□＝42

(9) □×2＝18　(10) □×5＝35　(11) □×4＝16

(12) □×3＝15　(13) □×6＝36　(14) □×7＝56

(15) □×8＝48　(16) □×9＝36

2 8この□を，4人に同じ数ずつ分けます。1人分は，何こになりますか。図をかいて答えましょう。(5×2)

答え

3 12この□を，3人に同じ数ずつ分けます。1人分は，何こになりますか。図をかいて答えましょう。(5×2)

答え

(A3 141%・B4 122%拡大)

月　日

わり算

名前

1 図を見て，答えましょう。(5×6)

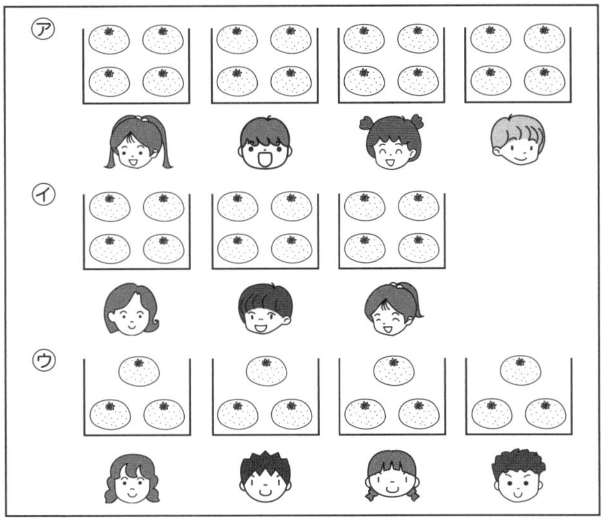

(1) 12 このみかんを，4 人で同じ数ずつ分けます。1 人に何こずつ分けることができますか。

① 上の問題文《もんだいぶん》どおりに分けているのは，図の㋐，㋑，㋒のどれですか。

□

② 式《しき》と答えを書きましょう。

式

答え

(2) 12 このみかんを，1 人に 4 こずつ分けます。何人に分けることができますか。

① 上の問題文どおりに分けているのは，図の㋐，㋑，㋒のどれですか。

□

② 式と答えを書きましょう。

式

答え

2 次のわり算の答えをもとめるには，何のだんの九九を使《つか》えばいいですか。(5×3)

(1) 10 ÷ 5　□ のだん

(2) 42 ÷ 6　□ のだん

(3) 72 ÷ 8　□ のだん

3 わり算をしましょう。(5×8)

(1) 8 ÷ 2

(2) 32 ÷ 4

(3) 21 ÷ 3

(4) 16 ÷ 8

(5) 20 ÷ 5

(6) 18 ÷ 6

(7) 42 ÷ 7

(8) 63 ÷ 9

4 わり算をしましょう。(5×3)

(1) 6 ÷ 6

(2) 5 ÷ 1

(3) 0 ÷ 4

(A3 141%・B4 122%拡大)

月　日

わり算

名前

1　24 このあめを 6 さらに分けます。
1 さらは，何こずつになりますか。（10 × 2）

式《しき》

答え

2　24 本のきゅうりを 3 本ずつふくろに入れると，何ふくろできますか。（10 × 2）

式

答え

3　63m のロープを 7m ずつに切ります。
7m のロープは，何本できますか。（10 × 2）

式

答え

4　54 人をグループに分けます。（10 × 4）

(1)　54 人を 6 人ずつのグループにすると，グループは何組できますか。

式

答え

(2)　54 人を 6 組のグループにすると，1 グループは何人ずつになりますか。

式

答え

チャレンジ問題《もんだい》

15 ÷ 5 の式になる問題文のつづきを書きましょう。

15 このももを，5 人に同じ数ずつ分けます。

（A3 141%・B4 122%拡大）

月　日

わり算

名前

1　箱《はこ》に入っているキャラメルを，同じ数ずつ3人に分けます。1人分は，何こになりますか。(4×8)

(1)　箱の中にキャラメルが12このとき

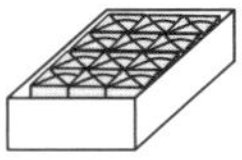

式《しき》

答え

(2)　箱の中にキャラメルが6このとき

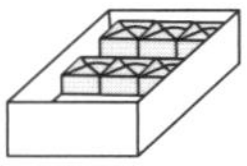

式

答え

(3)　箱の中にキャラメルが3このとき

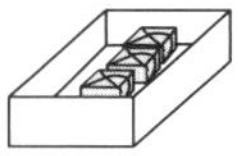

式

答え

(4)　箱の中にキャラメルが0このとき

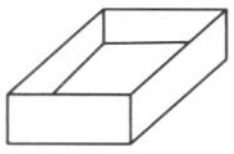

式

答え

2　いちごが8こあります。(4×4)

(1)　8このいちごを4人で同じ数ずつ分けると，1人分は何こになりますか。

式

答え

(2)　8このいちごを1人に4こずつ分けると，何人に分けられますか。

式

答え

3　わり算をしましょう。(4×10)

(1)　12 ÷ 2

(2)　24 ÷ 4

(3)　24 ÷ 3

(4)　32 ÷ 8

(5)　45 ÷ 5

(6)　36 ÷ 6

(7)　21 ÷ 7

(8)　81 ÷ 9

(9)　48 ÷ 6

(10)　56 ÷ 7

4　わり算をしましょう。(4×3)

(1)　4 ÷ 4

(2)　7 ÷ 1

(3)　0 ÷ 3

(A3 141%・B4 122%拡大)

月　日

わり算

名前

1　27まいのクッキーを，3人で分けます。
1人分は，何まいずつになりますか。(5×2)

式《しき》

答え

2　30このびわを，6こずつパックに入れます。
何パックできますか。(5×2)

式

答え

3　ジュースが18dLあります。1人が2dLずつ飲みます。何人が飲めますか。(5×2)

式

答え

4　リボンが28cmあります。同じ長さで4本に切ると，1本は何cmになりますか。(5×2)

式

答え

5　3年生は，全部《ぜんぶ》で42人います。(5×4)

(1)　7人ずつにすると，何グループできますか。

式

答え

(2)　7グループに分かれると，何人ずつになりますか。

式

答え

6　40このあめを，5人で分けました。
けんさんは，くばられたあめを2こ食べました。
けんさんのあめは，何こになりましたか。(5×2)

式

答え

7　ななさんのクラスは29人ですが，1人お休みしています。体育《いく》の時間に，4つのチームに分かれることになりました。
1チームは，何人ずつですか。(5×2)

式

答え

8　色紙を8まいと20円のカードを買うと，84円でした。色紙1まいは，何円ですか。(5×2)

式

答え

9　18÷6の式になる問題《もんだい》文のつづきを，2つ書きましょう。(5×2)

(1)

18このたまごを6人で同じ数ずつ分けます。

(2)

18このたまごを1人に6こずつ分けます。

(A3 141%・B4 122%拡大)

月　日

たし算・ひき算の筆算

名前

1 次《つぎ》の計算を筆算《ひっさん》でしましょう。(5×14)

(1) 75 + 53　(2) 60 + 87　(3) 95 + 68　(4) 7 + 96

(5) 466 + 29　(6) 151 + 29　(7) 5 + 305

(8) 92 − 58　(9) 152 − 74　(10) 104 − 76　(11) 100 − 29

(12) 460 − 37　(13) 174 − 29　(14) 240 − 36

2 ひびきさんは，どんぐりを 67 こ拾《ひろ》いました。あやのさんは，72 こ拾いました。(5×4)

(1) ひびきさんとあやのさんが拾ったどんぐりを合わせると，何こになりますか。

式《しき》

答え

(2) どちらが何こ多いですか。

式

答え

3 赤とピンクのバラを合わせて 100 本買いました。そのうち，赤のばらは 56 本です。ピンクのばらは，何本ですか。(5×2)

式

答え

(A3 141%・B4 122%拡大)

月　日

たし算・ひき算の筆算

名前

1　372 + 456 の計算をします。
□にあてはまる数を書きましょう。

	3	7	2
+	4	5	6

一の位《くらい》の計算 (5)

2 + □ =8

十の位の計算 (5)

7 + 5= □

百の位に □ くり上がる

百の位の計算 (5)

くり上げた 1 も合わせる

1 + 3 + 4= □

答えは □ です。(5)

2　826 − 352 の計算をします。
□にあてはまる数を書きましょう。

	8	2	6
−	3	5	2

一の位の計算 (5)

6 − □ = 4

十の位の計算 (5)

2 − 5 はできないので，

百の位から □ くり下げる

□ − 5 = □

百の位の計算 (5)

1 くり下げたので

7 − 3 = □

答えは □ です。(5)

3　計算をしましょう。(5×4)

(1)

	4	2	5
+	3	6	4

(2)

	2	7	8
+	4	6	5

(3)

	8	7	2
−	3	5	4

(4)

	5	2	5
−	2	9	6

4　次の計算を筆算《ひっさん》でしましょう。(5×8)

(1) 368 + 194　(2) 508 + 72

(3) 572 + 928　(4) 4308 + 2675

(5) 721 − 506　(6) 615 − 576

(7) 902 − 84　(8) 7250 − 6319

(A3 141%・B4 122%拡大)

たし算・ひき算の筆算

名前

1　山野小学校には，男子が 278 人，女子が 304 人います。(10 × 4)

(1)　男子と女子を合わせると何人ですか。

式《しき》

答え

(2)　女子は男子よりも何人多いですか。

式

答え

2　牛にゅうが 500mL ありました。
まりんさんが 185mL 飲《の》みました。
牛にゅうは何 mL のこっていますか。(10 × 2)

式

答え

3　ゆうきさんの身長《しんちょう》は，1m29cm で，
しょうさんの身長は 134cm です。
どちらの方がどれだけ高いですか。(10 × 2)

式

答え

4　ひかるさんは，下のおかしの中から
チョコレートとグミをえらんで買いました。
すると，50 円安《やす》くしてもらいました。
ひかるさんがはらうお金は，何円ですか。(10 × 2)

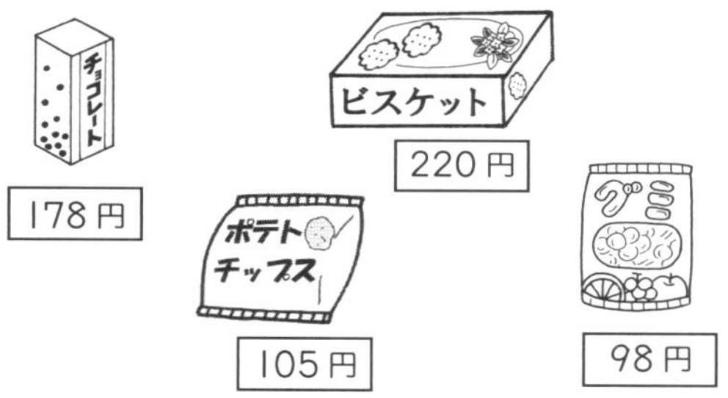

式

答え

(A3 141%・B4 122%拡大)

月　日

たし算・ひき算の筆算

名前

1 758 + 593 の計算をします。
□にあてはまる数を書きましょう。

	7	5	8
+	5	9	3

(1) 一の位《くらい》の計算 (5)

8 + 3 = □

十の位に □ くり上がる

(2) 十の位の計算 (5)

くり上げた 1 も合わせる

1 + 5 + 9 = □

百の位に □ くり上がる

(3) 百の位の計算 (5)

くり上げた 1 も合わせる

1 + 7 + 5 = □

千の位に □ くり上がる

(4) 答えは □ です。(5)

2 902 − 368 の計算をします。
□にあてはまる数を書きましょう。

	9	0	2
−	3	6	8

(1) 一の位の計算 (5)

2 − 8 はできない。

百の位から十の位にくり下げて

十の位から □ くり下げます

□ − 8 = □

(2) 十の位の計算 (5)

十の位は □ になっています。

□ − 6 = □

(3) 百の位の計算 (5)

百の位は □ になっています。

□ − 3 = □

(4) 答えは □ です。(5)

3 計算をしましょう。(5 × 4)

(1)

	5	9	3
+	2	4	8

(2)

	3	6	1	6
+	5	1	8	4

(3)

	7	2	4
−	2	5	8

(4)

	7	0	6	5
−	2	8	7	9

4 次の計算を筆算《ひっさん》でしましょう。(4 × 10)

(1) 376 + 439

(2) 367 + 143

(3) 94 + 427

(4) 1674 + 3926

(5) 734 − 367

(6) 921 − 129

(7) 527 − 459

(8) 635 − 37

(9) 700 − 74

(10) 600 − 9

(A3 141%・B4 122%拡大)

たし算・ひき算の筆算

名前

1 なわとびで，けいたさんは 187 回，かほさんは 206 回とびました。
かほさんの方が何回多くとびましたか。(5×2)

式《しき》

答え

2 250 ページの本を，98 ページまで読みました。あと何ページありますか。(5×2)

式

答え

3 遊園地《ゆうえんち》には 627 人の人が来ています。
そのうち，子どもは 372 人です。(5×4)

(1) おとなは何人ですか。

式

答え

(2) 子どもとおとなでは，どちらが何人多いですか。

式

答え

4 ジュースを 180mL 飲《の》みました。
のこりは 257mL です。
はじめに，ジュースは何 mL ありましたか。(5×2)

式

答え

5 次の計算はまちがっています。
まちがっているところと，正しい答えを書きましょう。(5×2)

	3	5	4
+	2	4	7
	5	0	1

まちがっているところ

正しい答え

6 下のおかしの中から，2 つえらんで買います。

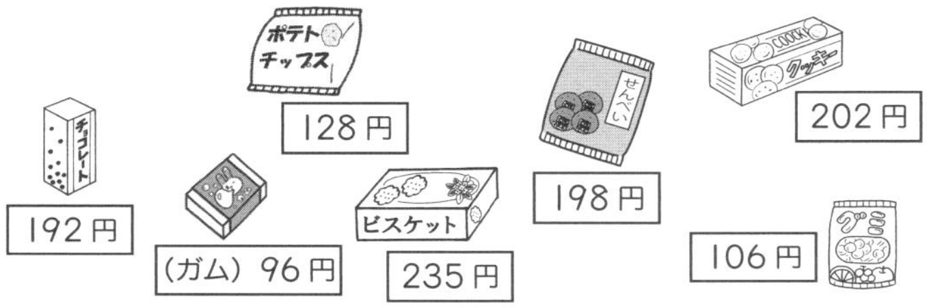

(1) チョコレートとポテトチップスを買いました。いくらになりますか。(5×2)

式

答え

(2) ビスケットとガムを買って 500 円を出しました。おつりはいくらですか。(5×2)

式

答え

(3) ちょうど 400 円になるように買いました。何と何を買いましたか。(10×2)

と

月　日

長い長さ

名前＿＿＿＿＿＿＿＿

1 □にあてはまる長さのたんい（ m , cm , mm ）を書きましょう。(5×6)

(1) つくえの高さ　60 □　　(2) えんぴつの長さ　17 □

(3) 1円玉のはば　20 □　　(4) プールの長さ　25 □

(5) 教科書のあつさ　7 □　　(6) 10ぽ歩いた長さ　5 □

2 □にあてはまる数を書きましょう。(5×8)

(1) 1m = □ cm　　(2) 3m = □ cm

(3) 200cm = □ m　　(4) 240cm = □ m □ cm

(5) 1m50cm = □ cm　　(6) 138cm = □ m □ cm

(7) 1m5cm = □ cm　　(8) 208cm = □ m □ cm

3 2つの長さをくらべて，長い方に○をつけましょう。(5×2)

(1) （ 320cm　3m10cm ）　　(2) （ 2m5cm　2m50cm ）

4 1mのリボンと2m80cmのリボンをつなぐと，何m何cmになりますか。(5×2)

式《しき》

答え＿＿＿＿＿＿＿＿

5 10cmの長さのえんぴつと15cm6mmのえんぴつがあります。
長さのちがいは，何cm何mmですか。(5×2)

式

答え＿＿＿＿＿＿＿＿

(A3 141%・B4 122%拡大)

長い長さ

名前

1 □にあてはまる長さのたんい（km, m, cm, mm）を書きましょう。(5×4)

(1) ノートのあつさ　5□
(2) 遠足で歩くきょり　4□
(3) 教室のたての長さ　8□
(4) えんぴつの長さ　16□

2 下の図のきょりと道のりは，アとイのどちらですか。(5×2)

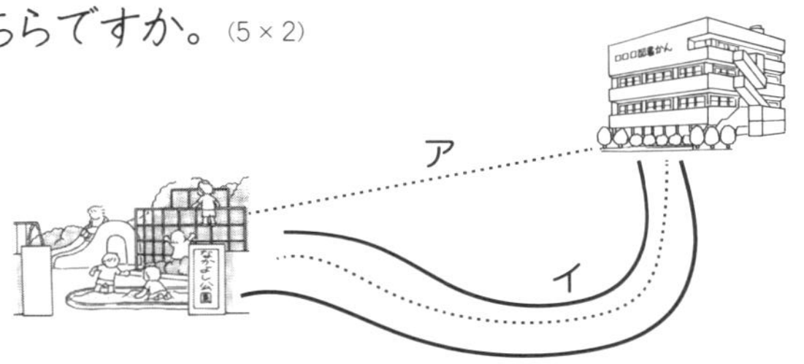

きょり□　道のり□

3 次《つぎ》の長さをはかります。どの道具《どうぐ》を使《つか》いますか。下からえらんで，記号を書きましょう。(5×4)

(1) 教科書のたての長さ□
(2) つくえの高さ□
(3) 体育館《たいいくかん》の横《よこ》の長さ□
(4) おなかのまわりの長さ□

ア　30cm ものさし
イ　1m ものさし
ウ　2m まきじゃく
エ　30m まきじゃく

4 下のまきじゃくの↓のめもりを答えましょう。(5×4)

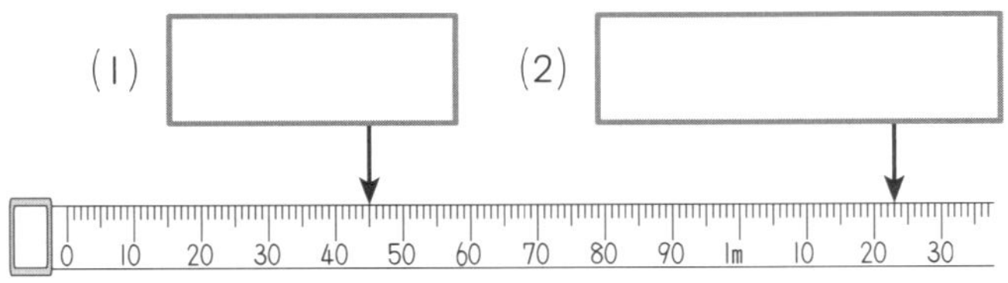

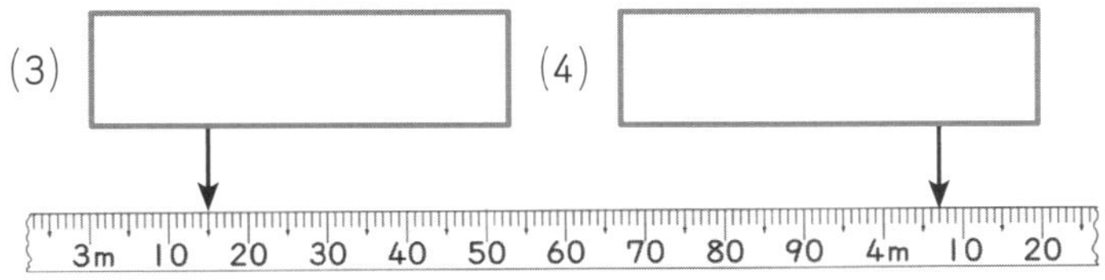

5 □にあてはまる数を書きましょう。(5×3)

(1) 1km ＝ □m
(2) 1200m ＝ □km□m
(3) 1km80m ＝ □m

6 長さの計算をしましょう。(5×3)

(1) 1km ＋ 400m
(2) 1km500m ＋ 500m
(3) 1km － 700m

(A3 141%・B4 122%拡大)

月　日

長い長さ

名前

1　そらさんの家から学校までの絵地図を見て答えましょう。

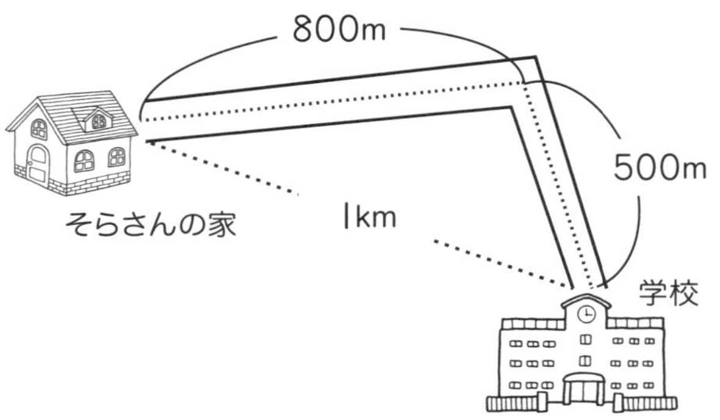

(1)　家から学校までの道のりは何 m ですか。また，それは何 km 何 m ですか。(10×2)

式《しき》

答え　　m

　　km　　m

(2)　家から学校までの道のりは，きょりとくらべて，何 m 長いですか。(10×2)

式

答え　　m

2　つかささんの家から公園までの絵地図を見て答えましょう。

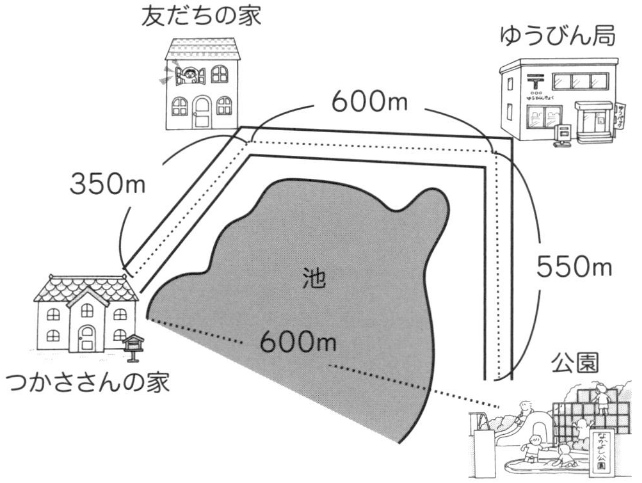

(1)　つかささんの家からゆうびん局までの道のりは，何 m ですか。(10×2)

式

答え　　m

(2)　つかささんの家から公園までの道のりは，何 m ですか。また，それは何 km 何 m ですか。(10×2)

式

答え　　m

　　km　　m

(3)　家から公園までの道のりは，きょりとくらべて何 m 長いですか。(10×2)

式

答え　　m

(A3 141%・B4 122%拡大)

知識技能 B　　　　　　　　　　　　月　　日

長い長さ

名前 ＿＿＿＿＿＿＿＿

1　まきじゃくの↓のめもりを読みましょう。(4×6)

(1) □　(2) □

(3) □　(4) □

(5) □　(6) □

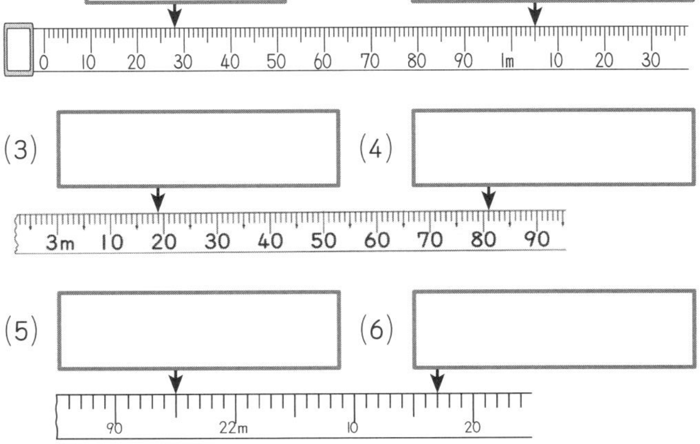

2　次《つぎ》の長さをはかります。どの道具《どうぐ》を使《つか》いますか。下からえらんで，記号を書きましょう。(4×4)

(1) えんぴつの長さ　□

(2) 学校のろうかの長さ　□

(3) 頭のまわりの長さ　□

(4) いすの高さ　□

ア　30cm ものさし	イ　1m ものさし
ウ　2m まきじゃく	エ　30m まきじゃく

3　□にあてはまる数を書きましょう。(4×5)

(1) 2km = □ m

(2) 1km300m = □ m

(3) 1km50m = □ m

(4) 1600m = □ km □ m

(5) 1070m = □ km □ m

4　㋐と㋑の長さを↓でかきましょう。(4×2)

㋐ 7m55cm　　㋑ 8m10cm

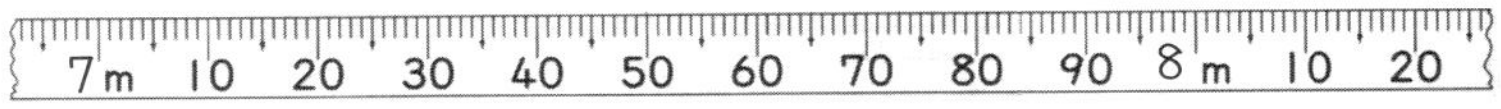

5　長さの計算をして，□にあてはまる数を書きましょう。(4×8)

(1) 800m + 400m = □ m
= □ km □ m

(2) 1km500m + 900m
= □ km □ m
= □ m

(3) 4km + 300m = □ km □ m

(4) 2km − 500m = □ km □ m

(5) 2km600m + 3km700m
= □ km □ m

(6) 3km100m − 1km500m
= □ km □ m

(A3 141%・B4 122%拡大)

月　日

長い長さ

名前

1　みさきさんと，ゆうまさんの家から学校までの絵地図を見て答えましょう。

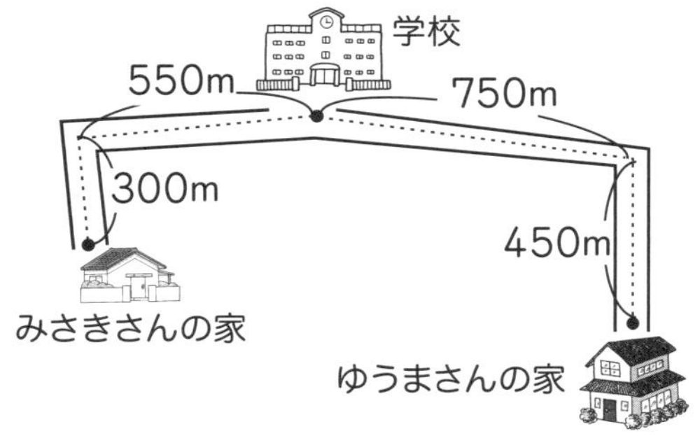

(1)　みさきさんの家から学校までの道のりは，何mですか。(5×2)

式《しき》

答え　　　m

(2)　ゆうまさんの家から学校までの道のりは，何mですか。
また，それは何km何mですか。(5×3)

式

答え　　　m

　　km　　　m

(3)　みさきさんの家から学校までと，ゆうまさんの家から学校までの道のりのちがいは，何mですか。(5×2)

式

答え　　　m

(4)　みさきさんの家から学校の前を通って，ゆうまさんの家へ行くと何mですか。
また，それは何km何mですか。(5×3)

式

答え　　　m

　　km　　　m

2　たくみさんの家から町までの絵地図を見て答えましょう。

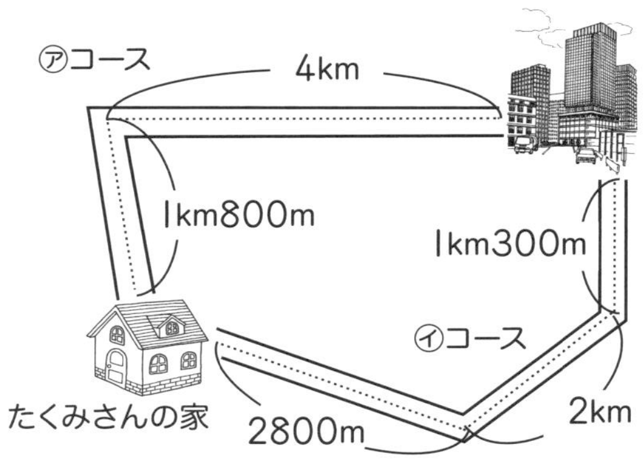

(1)　㋐のコースで行くと，町まで何km何mですか。(5×2)

式

答え　　km　　　m

(2)　㋑のコースで行くと，町まで何mですか。
また，それは何km何mですか。(5×3)

式

答え　　　m

　　km　　　m

(3)　㋐のコースと㋑のコースでは，何mのちがいがありますか。(5×2)

式

答え　　　m

(4)　行きを㋐のコース，帰りを㋑のコースにすると，全部《ぜんぶ》で何m進んだことになりますか。
また，それは何km何mですか。(5×3)

式

答え　　　m

　　km　　　m

(A3 141%・B4 122%拡大)

　　月　日

あまりのあるわり算

名前

1 計算をしましょう。(5×14)

(1) 6 ÷ 2　　(2) 40 ÷ 5　　(3) 24 ÷ 4

(4) 48 ÷ 6　　(5) 21 ÷ 3　　(6) 72 ÷ 9

(7) 18 ÷ 2　　(8) 32 ÷ 8　　(9) 56 ÷ 7

(10) 25 ÷ 5　　(11) 36 ÷ 4　　(12) 18 ÷ 3

(13) 35 ÷ 7　　(14) 16 ÷ 8

2 クッキーが 20 こあります。4 人に同じ数ずつくばります。1 人分は，何こになりますか。(5×2)

式《しき》

答え

3 チョコレートを 1 人に 4 こずつ，7 人にくばります。チョコレートは，何こいりますか。(5×2)

式

答え

4 あめが 24 こあります。1 人に3こずつくばります。何人に，くばることができますか。(5×2)

式

答え

(A3 141%・B4 122%拡大)

知識技能 A　　　　　　　　　　　　　　　　　　　　月　　日

あまりのあるわり算

名前 ______________________

1　9このキャラメルを，4人で同じ数ずつ分けます。1人に何こずつ分けることができますか。また，あまりは何こですか。(5×3)

(1)　分けた図をかきましょう。

キャラメル9こ

(2)　式《しき》と答えを書きましょう。

式

答え ______________________

2　計算をしましょう。(5×7)

(1)　17 ÷ 5

(2)　26 ÷ 8

(3)　39 ÷ 7

(4)　31 ÷ 4

(5)　52 ÷ 6

(6)　53 ÷ 9

(7)　7 ÷ 8

3　次《つぎ》の計算をして，たしかめもしましょう。
□にあてはまる数をかきましょう。(5×10)

(1)　7 ÷ 2 = □ あまり □
たしかめ
□ × □ + □ = □

(2)　23 ÷ 4 = □ あまり □
たしかめ
□ × □ + □ = □

(3)　25 ÷ 3 = □ あまり □
たしかめ
□ × □ + □ = □

(4)　52 ÷ 7 = □ あまり □
たしかめ
□ × □ + □ = □

(5)　42 ÷ 9 = □ あまり □
たしかめ
□ × □ + □ = □

(A3 141%・B4 122%拡大)

月　日

あまりのあるわり算

名前

1 トマトが 20 こあります。
3 人で同じ数ずつ分けると，1 人分は何こで，何こあまりますか。(10 × 2)

式《しき》

答え

2 花が 52 本あります。8 本で 1 たばにします。花たばは，何たばできて，何本のこりますか。(10 × 2)

式

答え

3 ももが 40 ことれました。6 こずつ箱《はこ》に入れます。6 こ入りの箱は，何箱できますか。(10 × 2)

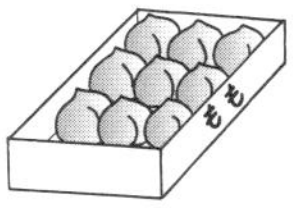

式

答え

4 荷物が 23 こあります。1 回に 4 こずつ運びます。何回で，全部《ぜんぶ》を運ぶことができますか。(10 × 2)

式

答え

5 次《つぎ》の計算の答えが正しければ○を，まちがっていたら正しい答えを（　）に書きましょう。(5 × 4)

(1) 23 ÷ 6 = 4 あまり 1

（　　　　　　）

(2) 51 ÷ 7 = 7 あまり 2

（　　　　　　）

(3) 25 ÷ 3 = 7 あまり 4

（　　　　　　）

(4) 51 ÷ 8 = 6 あまり 4

（　　　　　　）

(A3 141%・B4 122%拡大)

月　日

あまりのあるわり算

名前

1　11このキャラメルを，4人で同じ数ずつ分けます。1人に何こずつ分けることができますか。また，あまりは何こですか。(4×3)

(1)　分けた図をかきましょう。

キャラメル11こ

(2)　式《しき》と答えを書きましょう。

式

答え

2　11このキャラメルを，4こずつ分けます。何人に分けることができますか。また，あまりは何こですか。(4×3)

(1)　分けた図をかきましょう。

キャラメル11こ

(2)　式と答えを書きましょう。

式

答え

3　計算をしましょう。(4×13)

(1)　10 ÷ 3

(2)　16 ÷ 6

(3)　13 ÷ 2

(4)　30 ÷ 4

(5)　50 ÷ 7

(6)　41 ÷ 6

(7)　3 ÷ 4

(8)　34 ÷ 5

(9)　50 ÷ 9

(10)　60 ÷ 8

(11)　41 ÷ 8

(12)　63 ÷ 8

(13)　45 ÷ 7

4　計算をして，たしかめもしましょう。(4×6)

(1)　20 ÷ 3

たしかめ

□ × □ ＋ □ ＝ □

(2)　41 ÷ 9

たしかめ

(3)　70 ÷ 8

たしかめ

(A3 141%・B4 122%拡大)

月　日

あまりのあるわり算

名前

1　色紙が 47 まいあります。8 人で同じ数ずつ分けると，1 人分は何まいで，何まいあまりますか。(5 × 2)

式《しき》

答え

2　60cm のテープを 9cm ずつに切ると，9cm のテープは何本できますか。(5 × 2)

式

答え

3　みかんが 30 こあります。(5 × 3)

(1)　4 こずつかごに入れると，何かごできますか。

式

答え

(2)　あと何こあれば，もう 1 かごできますか。

答え

4　チョコレートが 46 こあります。(5 × 3)

(1)　7 人で同じ数ずつくばると，1 人何こずつで，何こあまりますか。

式

答え

(2)　あと何こあれば，もう 1 こずつ多くくばれますか。

答え

5　ジュースが 2L あります。1 人に 3dL ずつくばると，何人にくばれますか。(5 × 2)

式

答え

6　水の入ったバケツが 15 こあります。両手《りょうて》に 1 こずつ持《も》って運《はこ》びます。何回運べば，全部を運ぶことができますか。(5 × 2)

式

答え

7　次《つぎ》の計算の答えが正しければ○を，まちがっていたら正しい答えを（　　）に書きましょう。(5 × 6)

(1)　60 ÷ 8 = 7 あまり 4

（　　　　　　）

(2)　5 ÷ 7 = 1 あまり 2

（　　　　　　）

(3)　40 ÷ 9 = 4 あまり 6

（　　　　　　）

(4)　31 ÷ 4 = 7 あまり 2

（　　　　　　）

(5)　49 ÷ 6 = 7 あまり 7

（　　　　　　）

(6)　3 ÷ 5 = 0 あまり 3

（　　　　　　）

(A3 141%・B4 122%拡大)

月　日

10000より大きな数

名前

1 次《つぎ》の数を□に書きましょう。(10×2)

(1)

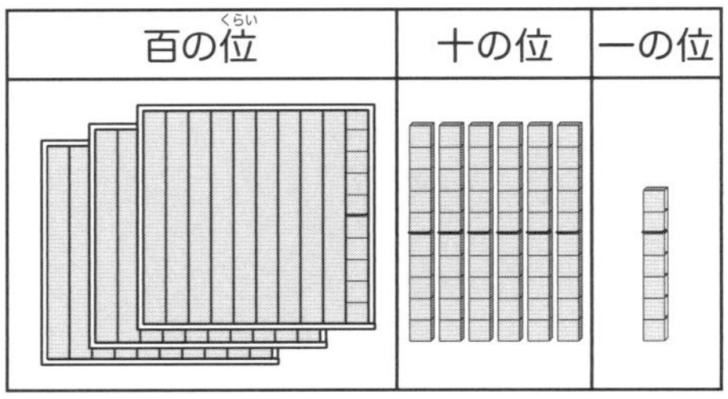

(2)

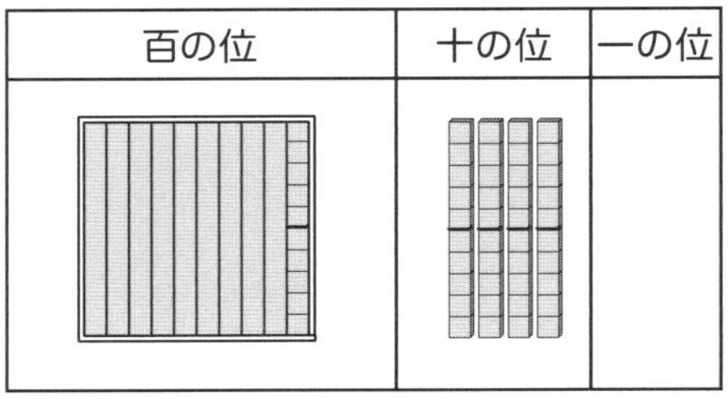

2 次の数を□に数字で書きましょう。(10×5)

(1) 百の位が6，一の位が5の数

(2) 100を7こと，10を1こと，1を9こ合わせた数

(3) 10を48こ集めた数

(4) 百十七

(5) 千

3 どちらの数の方が大きいですか。＜，＞を使《つか》って表《あらわ》しましょう。(5×2)

(1) 889 □ 891

(2) 401 □ 397

4 ↑がさしている数を□に書きましょう。(10×2)

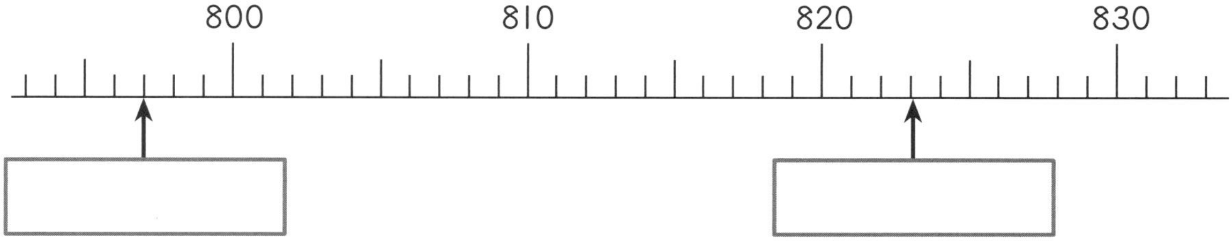

(A3 141%・B4 122%拡大)

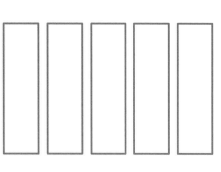

月　日

10000より大きな数

名前

1 次《つぎ》の数について答えましょう。(5×3)

47068293

(1) 一万《まん》の位《くらい》の数を書きましょう。

(2) 百万の位の数を書きましょう。

(3) いちばん左の 4 は何の位の数ですか。

2 次の数を数字で書きましょう。(5×5)

(1) 百万を 5 こ，十万を 7 こ，一万を 3 こ合わせた数

(2) 四百七十五万八千

(3) 六千九百万

(4) 10000 を 869 こ集《あつ》めた数

(5) 一億《おく》

3 ↑のさしている数を □ に書きましょう。(5×4)

(1)

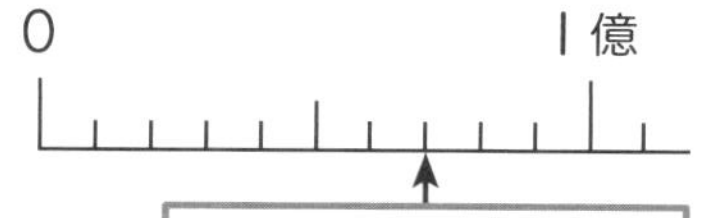

(2)

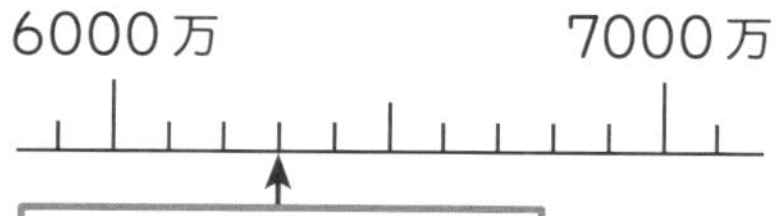

(3)

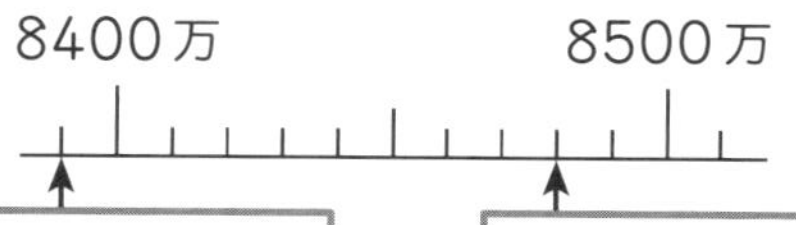

4 □ にあてはまる不《ふ》等号《とうごう》(＜，＞)を書きましょう。(5×2)

(1) 680000 □ 679976

(2) 49888 □ 400000

5 次の数を書きましょう。(5×4)

(1) 350 を 10 倍《ばい》した数

(2) 350 を 100 倍した数

(3) 350 を 1000 倍した数

(4) 350 を 10 でわった数

6 計算をしましょう。(5×2)

(1) 340000 ＋ 420000

(2) 86 万 − 35 万

(A3 141%・B4 122%拡大)

月　日

10000 より大きな数

名前

[1] 27000 という数について 3 人がせつ明しています。
□にあてはまる数を書きましょう。(10 × 3)

27000 は
20000 と □ を
合わせた数です。

27000 は
30000 より □
小さい数です。

27000 は
1000 を □ こ
集《あつ》めた数です。

[2] 1 こ 45 円のチョコレートを，100 こ買います。代金《だいきん》は，いくらになりますか。(10 × 2)

式《しき》

答え

[3] 海山市の男の人の人口は 140000 人，女の人の人口は 180000 人です。(10 × 4)

(1) 海山市では，男女どちらの方が，何人多いですか。

式

答え

(2) 海山市の人口は，男女合わせて何人ですか。

式

答え

[4] ある数を 10 倍《ばい》すると，どのようになりますか。せつ明しましょう。(10)

(A3 141%・B4 122%拡大)

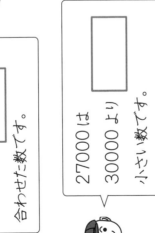

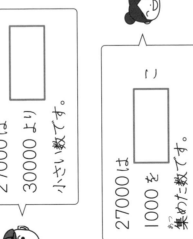

10000 より大きな数

名前

月　日

1 □にあてはまる数を書きましょう。(4 × 4)

(1) 580900 は，十万《まん》を □ こ，一万を □ こ，百を □ こ，合わせた数です。

(2) 78540189 の百万の位《くらい》の数は □，一万の位の数は □ です。

(3) 670000 は，1000 を □ こ集めた数です。

(4) 65000000 は 10000 を □ こ集めた数です。

2 次《つぎ》の数を数字で書きましょう。(4 × 7)

(1) 百万を 4 こ，一万を 7 こ合わせた数 □

(2) 千万を 8 こ，十万を 2 こ，千を 6 こ合わせた数 □

(3) 七千二百五十万 □

(4) 一億《おく》六千万 □

(5) 10000 を 49 集めた数 □

(6) 10000 を 780 集めた数 □

(7) 1000 を 9500 集めた数 □

3 ↑のさしている数を □ に書きましょう。(4 × 4)

(1)
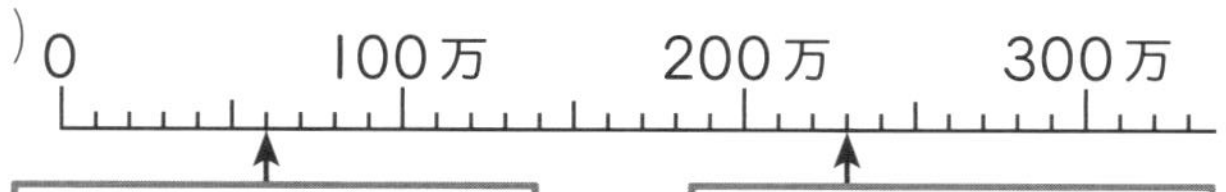

□　□

(2)

□　□

4 □にあてはまる不等号《ふとうごう》(< , >) を書きましょう。(4 × 3)

(1) 1010000 □ 10000000

(2) 5016000 □ 5100000

(3) 4370000 □ 4369999

5 次の計算をしましょう。(4 × 7)

(1) 58 × 10

(2) 82 × 100

(3) 902 × 100

(4) 7 × 1000

(5) 500 ÷ 10

(6) 20900 ÷ 10

(7) 384060 ÷ 10

(A3 141%・B4 122%拡大)

月　日

10000 より大きな数

名前

1　48000 という数についてさらさん，だいしさん，みずきさんの３人がせつ明しています。(10 × 3)

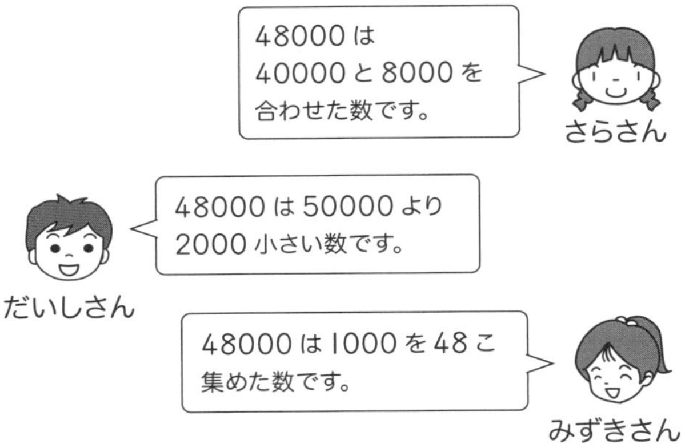

56000 という数について，３人のせつ明と同じようにせつ明しましょう。

(1)　さらさんと同じようにせつ明しましょう。

(2)　だいしさんと同じようにせつ明しましょう。

(3)　みずきさんと同じようにせつ明しましょう。

2　あるホテルで，１本 105 円の歯《は》ブラシを 1000 本仕入《しい》れました。代金《だいきん》は，いくらになりますか。(5 × 2)

式《しき》

答え

3　電気屋さんで，154000 円のテレビと 172000 円のれいぞう庫《こ》を買いました。(10 × 4)

(1)　テレビとれいぞう庫を買った代金は，何円になりますか。

式

答え

(2)　テレビとれいぞう庫のねだんのちがいは，何円ですか。

式

答え

4　ある数を 100 倍《ばい》するとどのようになるか，せつ明しましょう。(10)

5　ある数を 10 でわるとどのようになるか，せつ明しましょう。(10)

(A3 141%・B4 122%拡大)

月　日

かけ算の筆算（1）

名前

1 計算をしましょう。(2×20)

(1) 8×8	(2) 9×4	(3) 6×8	(4) 9×8
(5) 7×3	(6) 4×7	(7) 8×4	(8) 5×3
(9) 6×4	(10) 6×2	(11) 7×5	(12) 8×6
(13) 8×3	(14) 2×8	(15) 2×7	(16) 7×8
(17) 4×9	(18) 3×8	(19) 6×7	(20) 5×9

2 りんごを，1人に5こずつくばります。8人にくばるには，りんごは何こあればいいですか。(10×2)

式《しき》

答え

3 りんごを，1人に5こずつくばります。りんごは35こあります。何人にくばることができますか。(10×2)

式

答え

4 右の□は何こありますか。
かけ算を使《つか》った式をかいて，くふうしてもとめましょう。(10×2)

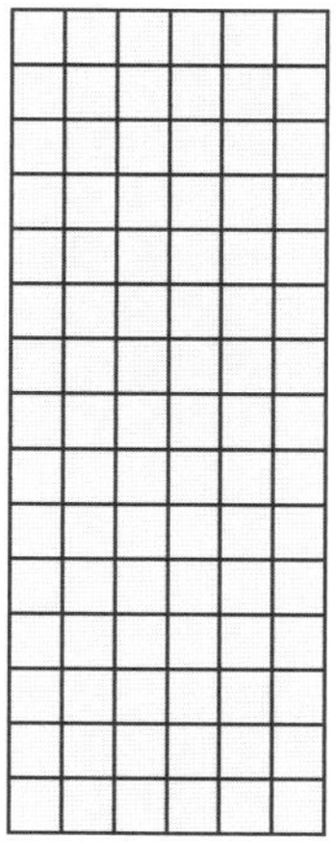

式

答え

(A3 141%・B4 122%拡大)

月　日

かけ算の筆算（1）

名前

1　32×3について，□にあてはまる数を書きましょう。

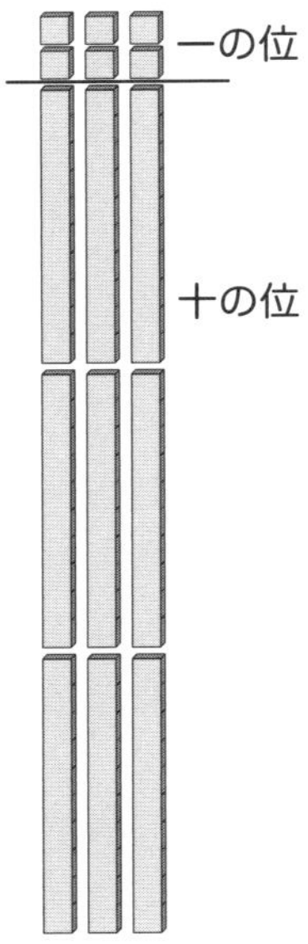

一の位《くらい》　2×□＝6　(5)

十の位　30×3＝□　(5)

一の位と十の位を合わせる。(5)

6＋□＝□

筆算《ひっさん》で計算しましょう。(5)

```
   3 2          3 2
×    3   ➡   ×    3
─────        ─────
     6          □
   9 0
─────
   9 6
```

2　123×3について，□にあてはまる数を書きましょう。

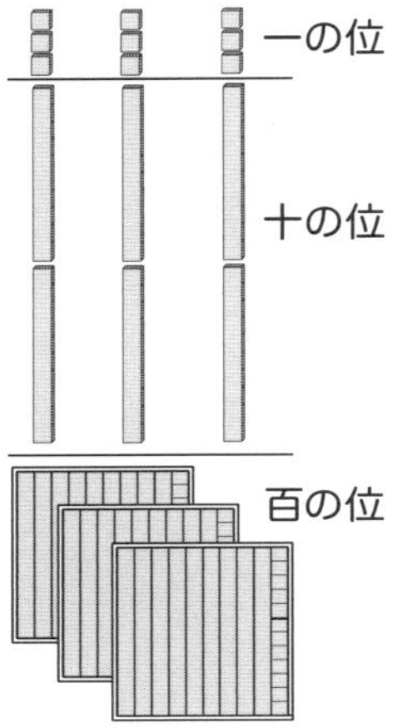

一の位　3×□＝9　(5)

十の位
20×3＝□　(5)

百の位
100×3＝□　(5)

一の位と十の位と百の位を合わせる。(5)

9＋□＋□＝□

筆算で計算しましょう。(5)

```
   1 2 3          1 2 3
×      3   ➡   ×      3
───────        ───────
       9            □
     6 0
   3 0 0
───────
   3 6 9
```

3　次《つぎ》の計算を筆算でしましょう。(5×11)

(1)　12×4

(2)　21×3

(3)　47×2

(4)　18×5

(5)　32×4

(6)　47×6

(7)　68×5

(8)　79×8

(9)　231×3

(10)　685×7

(11)　468×6

(A3 141%・B4 122%拡大)

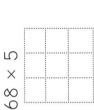

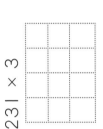

月　日

かけ算の筆算（1）

名前

1　次《つぎ》の筆算《ひっ》が正しければ○を，まちがっていたら正しい答えを□に書きましょう。(5×4)

(1)

		5	7
×			8
4	0	5	6

(2)

	7	6
×		8
6	0	8

(3)

	7	8	6
×			9
7	0	7	4

(4)

	7	7	5
×			4
3	0	0	0

2　1箱《はこ》にチョコレートが18こ入っています。7箱では，チョコレートは何こになりますか。(10×2)

式《しき》

答え

3　135円のパンを6こ買うと，代金《だいきん》は何円になりますか。(10×2)

式

答え

4　みさきさんたちは，1しゅうが480mのランニングコースを3しゅう走りました。何m走ったことになりますか。(10×2)

式

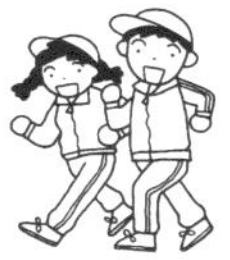

答え

5　しゅんやさんのお母さんは，480円のかんづめを5こと，1280円の牛肉を1パック買いました。代金は何円ですか。(10×2)

式

答え

(A3 141%・B4 122%拡大)

月　日

かけ算の筆算（1）

名前

1　24 × 3について答えましょう。（4 × 4）

(1) □にあてはまる数を書きましょう。

一の位《くらい》　4 × 3 = □

十の位　20 × 3 = □

一の位と十の位の答えを合わせる。

□ + □ = □

(2) 筆算《ひっさん》で計算しましょう。

$$\begin{array}{r} 24 \\ \times\ \ 3 \\ \hline 12 \\ 60 \\ \hline 72 \end{array} \Rightarrow \begin{array}{r} 24 \\ \times\ \ 3 \\ \hline \square \end{array}$$

2　413 × 3について答えましょう。（4 × 5）

(1) □にあてはまる数を書きましょう。

一の位　3 × □ = 9

十の位　10 × 3 = □

百の位　400 × 3 = □

一の位と十の位と百の位の答えを合わせる。

□ + □ + □ = □

(2) 筆算で計算しましょう。

$$\begin{array}{r} 413 \\ \times\ \ \ 3 \\ \hline 9 \\ 30 \\ 1200 \\ \hline 1239 \end{array} \Rightarrow \begin{array}{r} 413 \\ \times\ \ \ 3 \\ \hline \square \end{array}$$

3　次《つぎ》の計算をしましょう。（4 × 3）

(1) 20 × 3

(2) 50 × 7

(3) 200 × 4

4　次の計算を筆算でしましょう。（4 × 13）

(1) 34 × 2

(2) 26 × 3

(3) 91 × 6

(4) 84 × 9

(5) 68 × 5

(6) 98 × 6

(7) 37 × 6

(8) 65 × 8

(9) 86 × 7

(10) 456 × 3

(11) 368 × 8

(12) 777 × 8

(13) 709 × 6

（A3 141%・B4 122%拡大）

月　日

かけ算の筆算（1）

名前

1　次《つぎ》の筆《ひっ》算が正しければ○を，まちがっていたら正しい答えを □ に書きましょう。(5×4)

(1)

		3	9
×			6
1	8	5	4

(2)

	6	4
×		8
5	1	2

(3)

	6	2	3
×			5
3	0	1	5

(4)

	4	8	7
×			6
2	8	2	2

2　本だなが 8 だんあって，同じ厚《あつ》さの本を 26 さつずつならべることができます。
本は全部《ぜんぶ》で何さつならべることができますか。(5×2)

式《しき》

答え

3　1 こ 345 円のショートケーキがあります。(5×4)

(1)　6 こ買うと，代金《だいきん》は何円になりますか。

式

答え

(2)　70 円安《やす》くしてもらいました。何円はらいましたか。

式

答え

4　1 本 350mL 入りのジュースがあります。128 円で 8 本買いました。(5×7)

(1)　代金はいくらになりますか。

式

答え

(2)　1500 円をはらうと，おつりは何円ですか。

式

答え

(3)　買ったジュースは全部で何 mL になりますか。
また，それは何 L 何 mL ですか。

式

答え　　mL　　L　　mL

5　1 つの辺《へん》の長さが 75mm の正方形があります。まわりの長さは，何 mm ですか。
また，それは何 cm ですか。(5×3)

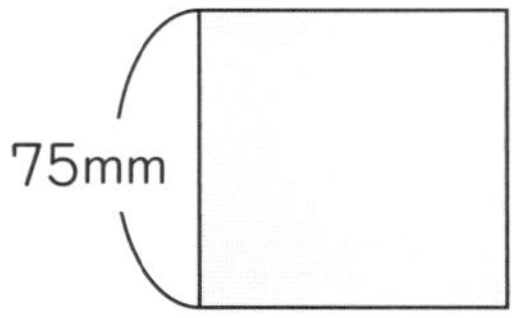

式

答え　　mm　　cm

(A3 141%・B4 122%拡大)

月　日

円と球

名前

1　図を見て□にあてはまる言葉《ことば》や数を書きましょう。(5×4)

(1)　ア，イ，ウは，それぞれ円の何といいますか。

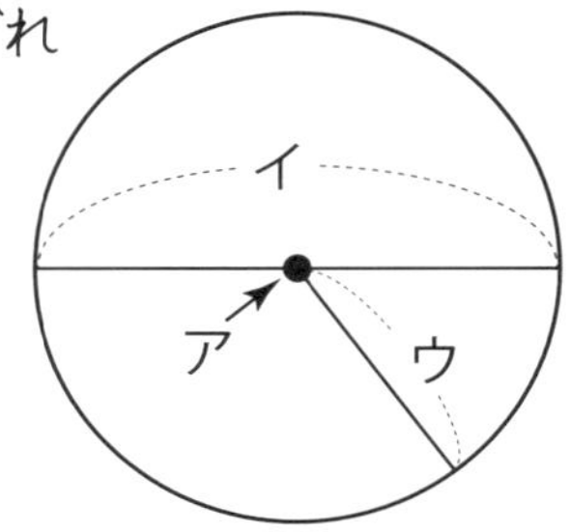

ア □
イ □
ウ □

(2)　ウの長さが 5cm のとき，イ の長さは何 cm ですか。

□ cm

2　右の図を見て答えましょう。(5×2)

(1)　直径《ちょっけい》は，ア，イ，ウのどれですか。

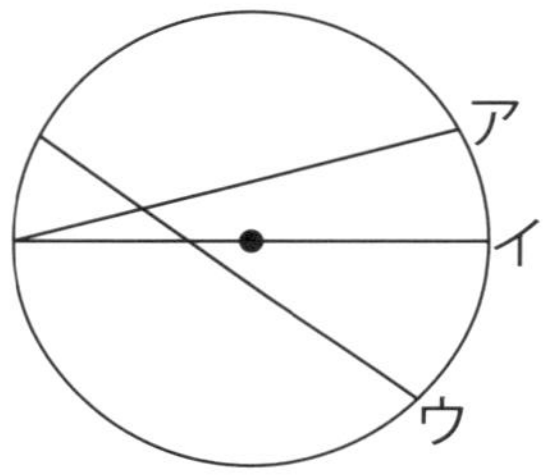

□

(2)　いちばん長い直線は ア，イ，ウのどれですか。

□

3　下の図は球《きゅう》を半分に切ったものです。□にあてはまる言葉や数を書きましょう。(5×5)

(1)　切り口は何という形ですか。

□

(2)　ア，イ，ウは，それぞれ球の何といいますか。

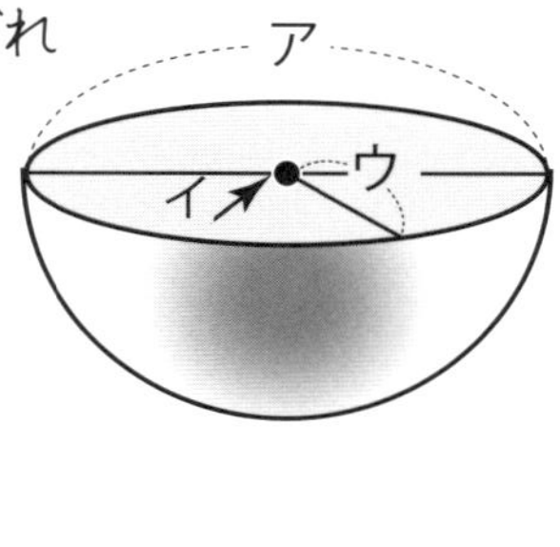

ア □
イ □
ウ □

(3)　ウの長さが 7cm のとき，ア の長さは何 cm ですか。

□ cm

4　次《つぎ》の円をかきましょう。(10×3)

(1)　半径 2cm

(2)　半径 3cm

(3)　直径 4cm

5　ありからえさまでの㋐㋑の長さを，コンパスを使《つか》って直線にうつしとって答えましょう。(5×3)

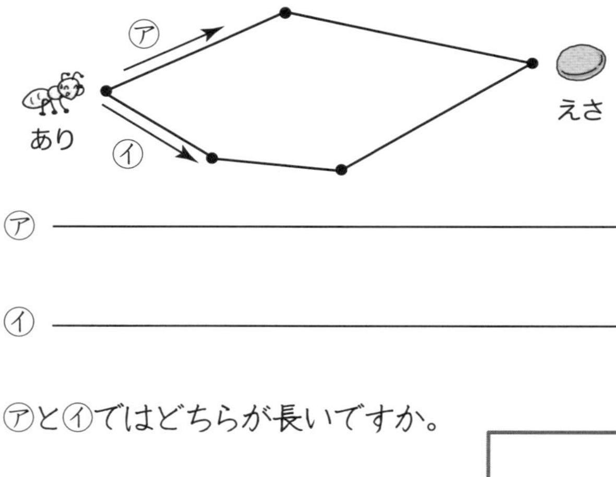

㋐ ＿＿＿＿＿＿＿＿

㋑ ＿＿＿＿＿＿＿＿

㋐と㋑ではどちらが長いですか。

□

(A3 141%・B4 122%拡大)

円と球

名前

1 図を見て長さをもとめましょう。(10×4)

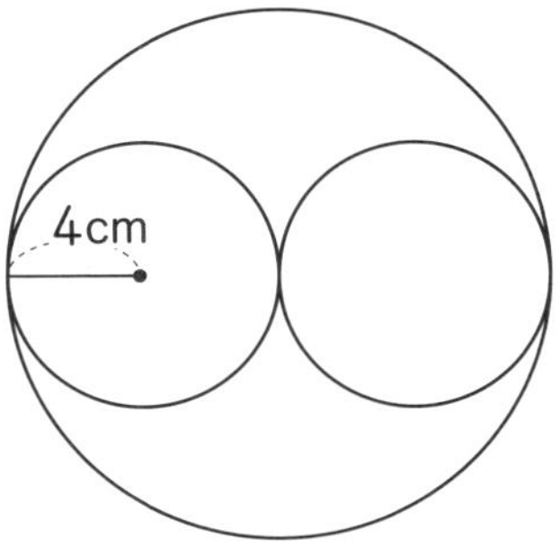

(1) 小さい円の直径《ちょっけい》

式《しき》

答え

(2) 大きい円の直径

式

答え

2 下の３つの円は，同じ大きさの球《きゅう》の切り口です。球の中心を通るように切った切り口は，どれですか。(10)

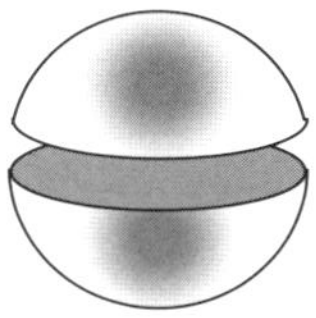

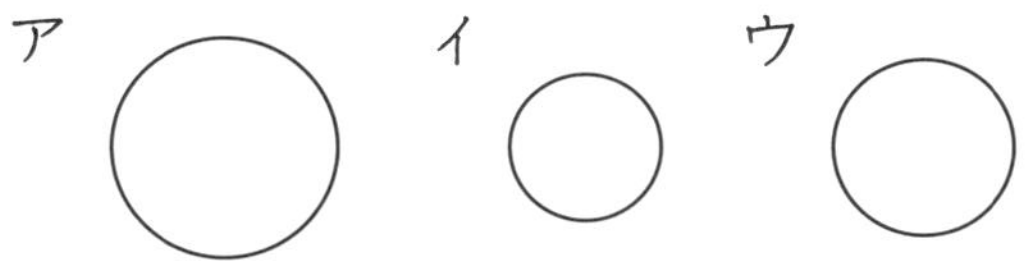

3 直径 10cm の円が６こ，長方形の中にぴったりと入っています。長方形のたてと横《よこ》の長さをもとめましょう。(10×4)

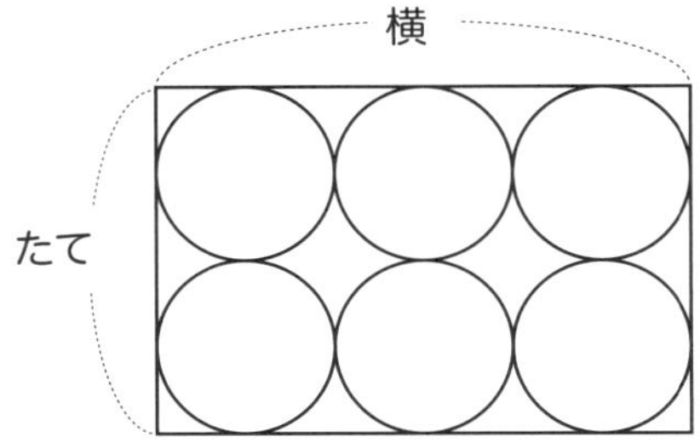

たての長さ

式

答え

横の長さ

式

答え

4 コンパスを使って，下のもようをかきましょう。(10)

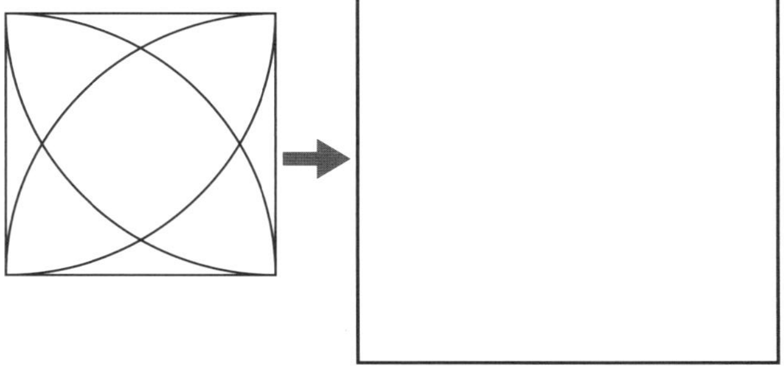

(A3 141%・B4 122%拡大)

月　日

円と球

名前

1 □にあてはまる言葉《ことば》や数を書きましょう。（4×7）

(1) ア，イ，ウは，それぞれ円の何といいますか。

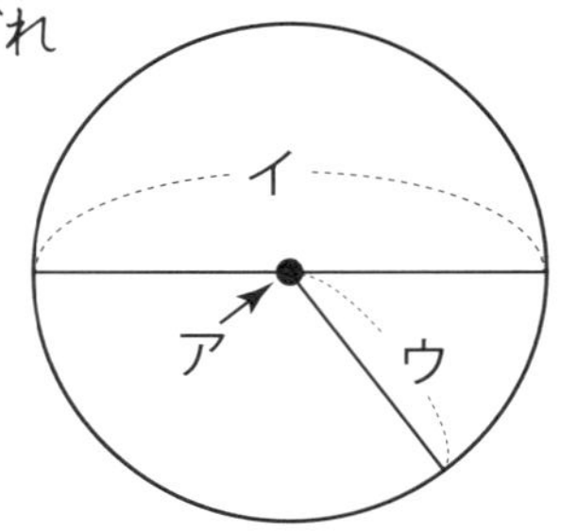

ア □

イ □

ウ □

(2) イ の長さは，ウの長さの何倍ですか。 □

(3) イ の長さが 8cm のとき，ウの長さは何 cm ですか。 □ cm

(4) ウ の長さが 8cm のとき，イ の長さは何 cm ですか。 □ cm

(5) 円の中にひけるもっとも長い直線を何といいますか。 □

2 下の図は，球《きゅう》を半分に切ったものです。□にあてはまる言葉や数を書きましょう。（4×6）

(1) ア，イ，ウは，それぞれ球の何といいますか。

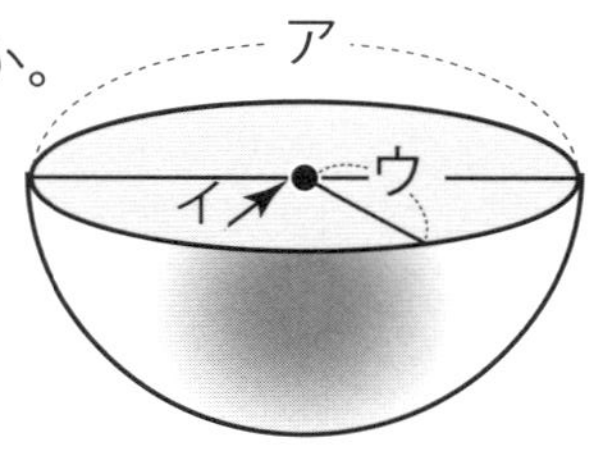

ア □

イ □

ウ □

(2) アの長さが 10cm のとき，ウの長さは何 cm ですか。 □ cm

(3) 直径《ちょっけい》は，かならずどこを通りますか。 □

(4) 球は，どこを切っても，切り口はどんな形ですか。 □

3 次《つぎ》の円をかきましょう。（8×4）

(1) 半径 3cm

(2) 半径 1cm5mm

(3) 直径 4cm

(4) 直径 5cm

4 ㋐㋑㋒のありからビスケットまでの長さを，コンパスを使って直線にうつしとって答えましょう。（4×4）

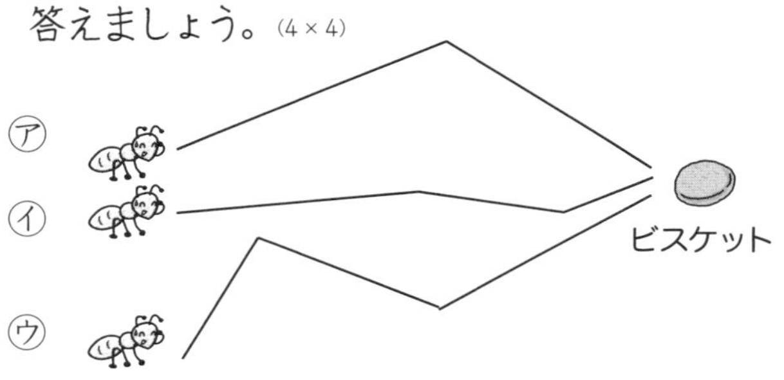

㋐ ____

㋑ ____

㋒ ____

㋐㋑㋒を長いじゅんに書きましょう。

□ ➡ □ ➡ □

(A3 141%・B4 122%拡大)

円と球

名前

1 下の図のように，半径 2cm の円 3 つが，大きい円の中に入っています。(5 × 6)

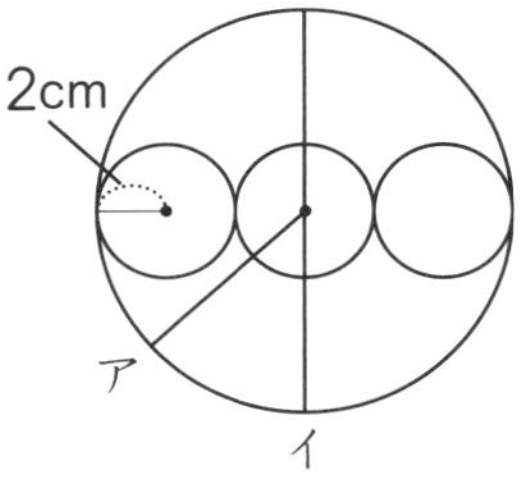

(1) 小さい円の直径《ちょっけい》は，何 cm ですか。

式《しき》

答え

(2) ア の長さは，何 cm ですか。

式

答え

(3) イ の長さは，何 cm ですか。

式

答え

2 下の図は直径 8cm の同じ大きさの円を 3 つ合わせたものです。
アとイの長さをもとめましょう。(5 × 4)

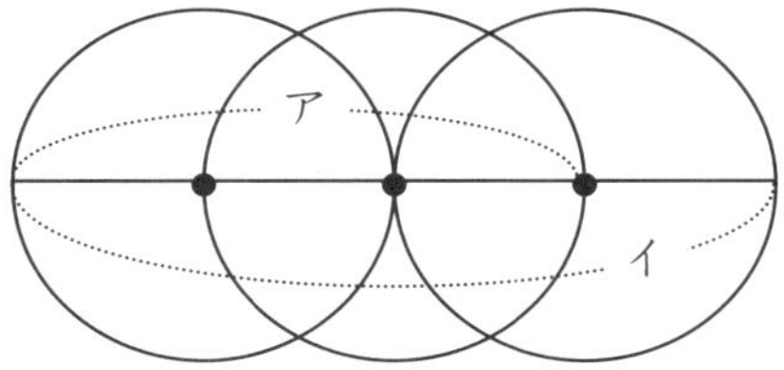

(1) ア の長さは，何 cm ですか。

式

答え

(2) イ の長さは，何 cm ですか。

式

答え

3 下の図のように，同じ大きさのボールが 8 こ，すき間なく箱《はこ》に入っています。
次《つぎ》の長さは，何 cm でしょうか。(5 × 6)

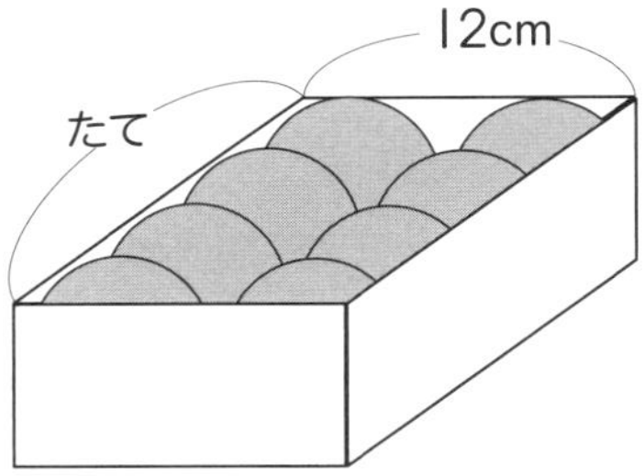

(1) ボール 1 この直径

式

答え

(2) ボール 1 この半径

式

答え

(3) 箱のたての長さ

式

答え

4 コンパスを使《つか》って，下のもようをかきましょう。(10 × 2)

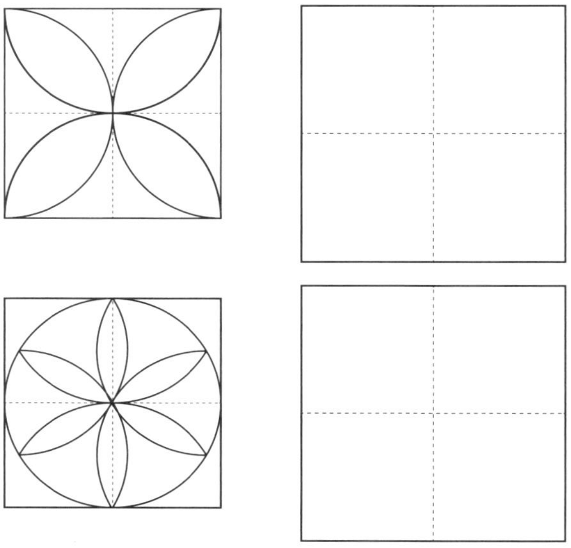

(A3 141%・B4 122%拡大)

月　日

小数

名前

1 色のついた部分《ぶぶん》の かさは何 dL ですか。(10 × 2)

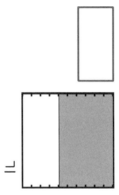

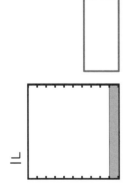

2 色のついた部分の 長さは何 mm ですか。(10 × 2)

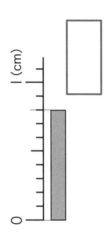

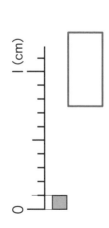

3 □にあてはまる数を書きましょう。(10 × 4)

(1) 3782は，千を□こ，百を□こ，十を□こ，一を□こ合わせた数です。

(2) 千を３こ，百を９こ，十を２こ，一を４こ合わせた数は□です。

(3) 千を７こ，十を５こ合わせた数は□です。

(4) 十を 32 こ集《あつ》めた数は□です。

4 計算をしましょう。(5 × 4)

(1) 6 × 10　　(2) 37 × 10

(3) 80 ÷ 10　　(4) 300 ÷ 10

(A3 141%・B4 122%拡大)

月　日

小数

名前

1 色のついた部分《ぶぶん》の水のかさは，何Lですか。小数で表しましょう。(5×2)

(1)
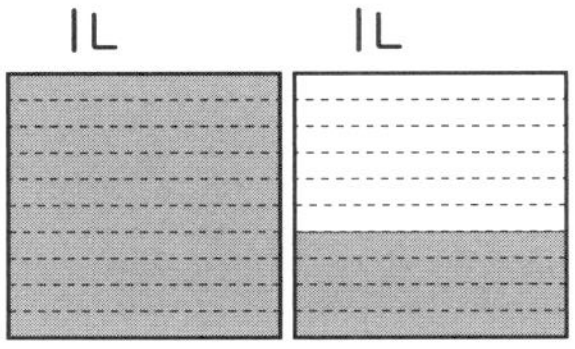

(2)
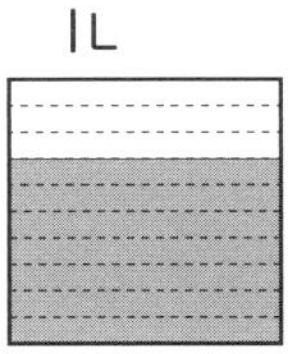

2 □にあてはまる数を書きましょう。(5×3)

(1) 4と0.9を合わせた数は□です。

(2) 1を5こと，0.1を3こ合わせた数は，□です。

(3) 2.8は，0.1を□こ集《あつ》めた数です。

3 数直線の↑のさしている数を書きましょう。(5×2)

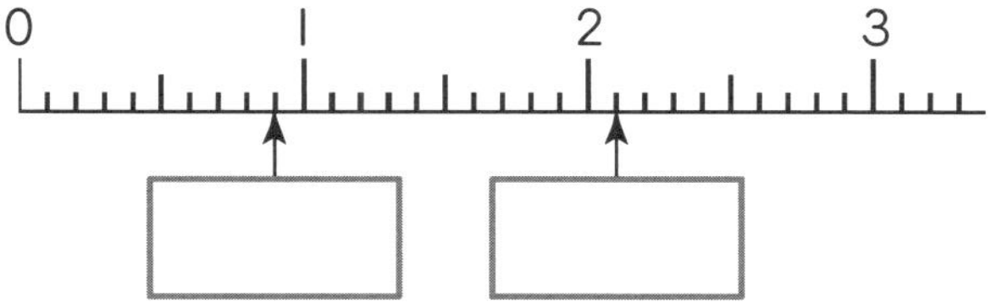

4 □にあてはまる不等号《ふとうごう》(＜，＞)を書きましょう。(5×3)

(1) 5.1 □ 4.9

(2) 3 □ 2.8

(3) 0 □ 0.1

5 □にあてはまる数を書きましょう。(5×4)

(1) 2L5dL ＝ □ L

(2) 4cm2mm ＝ □ cm

(3) 1.6L ＝ □ L □ dL

(4) 0.9cm ＝ □ mm

6 次《つぎ》の計算を筆《ひっ》算でしましょう。(5×6)

(1) 4.7 ＋ 2.5

(2) 6.6 ＋ 2.4

(3) 3.7 ＋ 5

(4) 7.1 − 2.8

(5) 4 − 3.8

(6) 27 − 6.5

(A3 141%・B4 122%拡大)

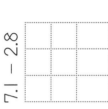

思考判断表現 A　　　　月　　日

小数

名前

1　2.7 という数について，４人がせつ明しています。□にあてはまる数を書きましょう。(5 × 4)

2.7 は１を□こと0.1 を□こ合わせた数です。

2.7 は２と□を合わせた数です。

2.7 は 0.1 を□こ集《あつ》めた数です。

2.7 は，３よりも□小さい数です。

2　1.8m のリボンと 0.8m のリボンをつなぎました。リボンの長さは，何 m になりますか。(10 × 2)

式《しき》

答え ＿＿＿＿＿＿＿＿

3　2L あったお茶を，みんなで 1.3L 飲《の》みました。のこりは，何 L ですか。(10 × 2)

式

答え ＿＿＿＿＿＿＿＿

4　ジュースが大きい紙パックに 0.8L，小さい紙パックに 0.2L 入っています。(10 × 4)

(1)　合わせて何 L ありますか。

式

答え ＿＿＿＿＿＿＿＿

(2)　２つの 紙パックの かさのちがいは，何 L ですか。

式

答え ＿＿＿＿＿＿＿＿

(A3 141%・B4 122%拡大)

小数

名前

1　色のついた部分《ぶぶん》の水のかさは，何Lですか。小数で表《あらわ》しましょう。(4×2)

(1)　1L　1L　1L　(2)　1L

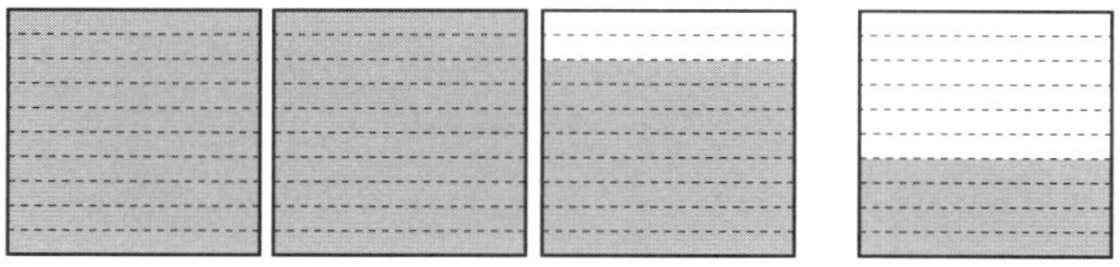

2　↓がさしている長さは，何cmですか。小数で表しましょう。(4×3)

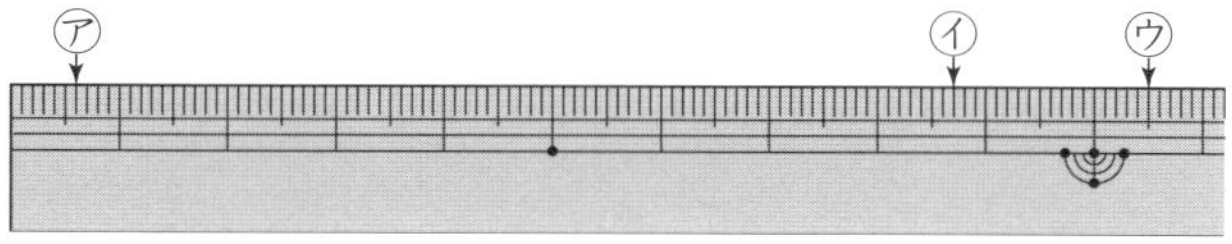

ア　イ　ウ

3　□にあてはまる数を書きましょう。(4×4)

(1)　3.8は1を□こと，0.1を□こ合わせた数です。

(2)　1を5こと，0.1を6こ合わせた数は□です。

(3)　3.8は,0.1を□こ集《あつ》めた数です。

(4)　0.1を72こ集めた数は□です。

4　数直線の↑のさしている数を書きましょう。(4×3)

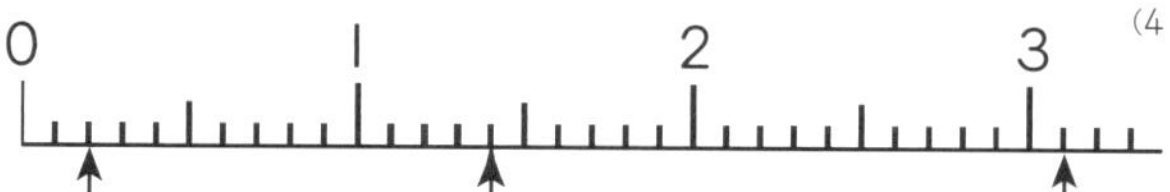

5　□にあてはまる不等号《ふとうごう》を書きましょう。(4×2)

(1)　0.1 □ 1　　(2)　0.1 □ 0

6　□にあてはまる数を書きましょう。(4×3)

(1)　6cm9mm = □ cm

(2)　2mm = □ cm

(3)　7L 3dL = □ L

7　次《つぎ》の計算を筆算《ひっ》でしましょう。(4×8)

(1)　4.7 + 3.5　　(2)　5.2 + 2.8

(3)　3.7 + 2　　(4)　12 + 4.6

(5)　5.2 − 2.9　　(6)　9.8 − 9.3

(7)　11.6 − 6　　(8)　10 − 7.5

(A3 141%・B4 122%拡大)

月　日

小数

名前

1　3.2 という数について，4 人がせつ明しています。(10 × 4)

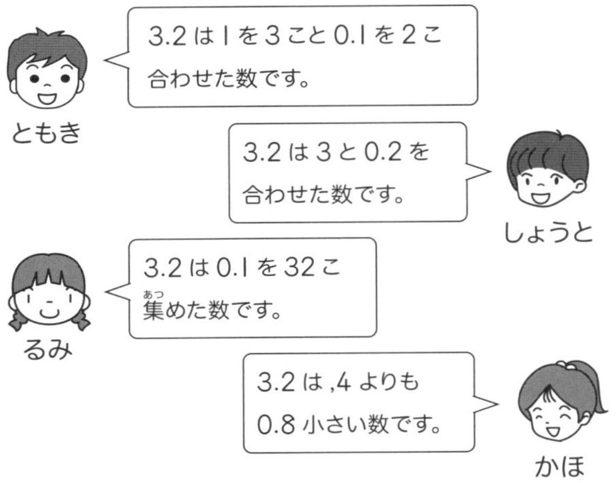
ともき
3.2 は 1 を 3 こと 0.1 を 2 こ合わせた数です。
しょうと
3.2 は 3 と 0.2 を合わせた数です。
るみ
3.2 は 0.1 を 32 こ集《あつ》めた数です。
かほ
3.2 は，4 よりも 0.8 小さい数です。

4.9 という数について，4 人のようにせつ明しましょう。

(1)　ともきさんのようにせつ明しましょう。

(2)　しょうとさんのようにせつ明しましょう。

(3)　るみさんのようにせつ明しましょう。

(4)　かほさんのようにせつ明しましょう。

2　4m のリボンを，2.8m 使《つか》いました。リボンは，何 m のこっていますか。(5 × 2)

式《しき》

答え

3　はがきの横《よこ》の長さは 10cm，たての長さは 14.8cm です。横とたての長さのちがいは何 cm ですか。(5 × 2)

式

答え

4　1.8L お茶があります。(5 × 4)

(1)　0.5L ふやすと，何 L になりますか。

式

答え

(2)　2dL 飲《の》むと，何 L になりますか。

式

答え

5　家から学校までの道のりは 1.6km です。家から公園までの道のりは 0.7km です。(5 × 4)

(1)　家からそれぞれの目てき地までの道のりのちがいは，何 km ですか。

式

答え

(2)　学校から家に帰って，公園へ行くと，道のりは合わせて何 km になりますか。

式

答え

(A3 141%・B4 122%拡大)

月　　日

重さ

名前

● ゴムやてんびんを使《つか》って，重《おも》さくらべをしました。重いじゅんに記号《きごう》を書きましょう。(20 × 5)

(1) 同じ太さで，同じ長さのゴムにつるしてくらべます。

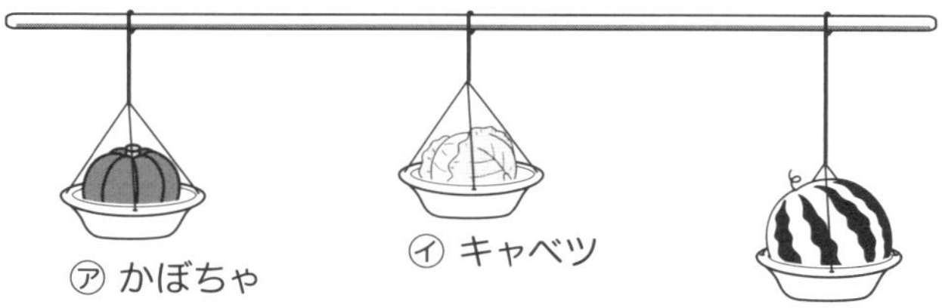

㋐ かぼちゃ　㋑ キャベツ　㋒ スイカ

□ → □ → □

(2) てんびんにのせて，くらべます。

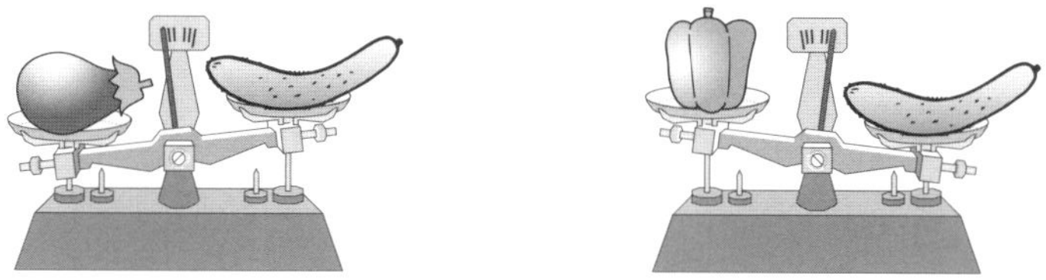

㋕ なす　㋖ きゅうり　㋗ ピーマン

□ → □ → □

(3) てんびんにのせて，くらべます。

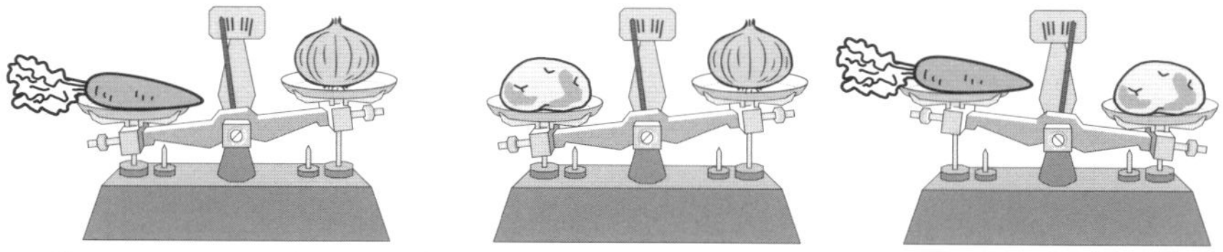

㋚ にんじん　㋛ 玉ねぎ　㋜ じゃがいも

□ → □ → □

(4) 同じおもりを使って，つりあわせます。

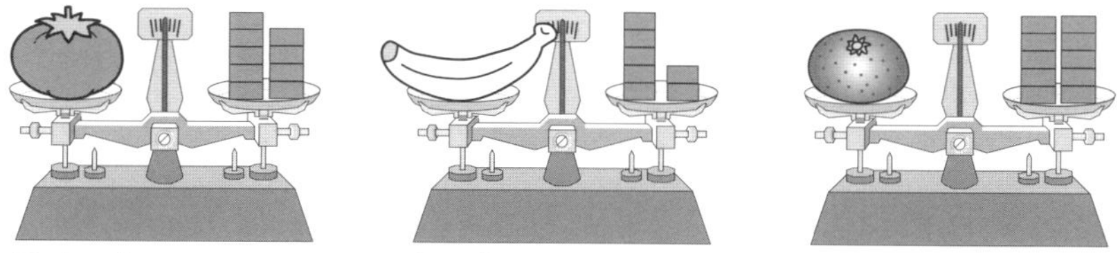

㋟ トマト　㋠ バナナ　㋡ みかん

□ → □ → □

(5) 同じおもりを使って，つりあわせます。

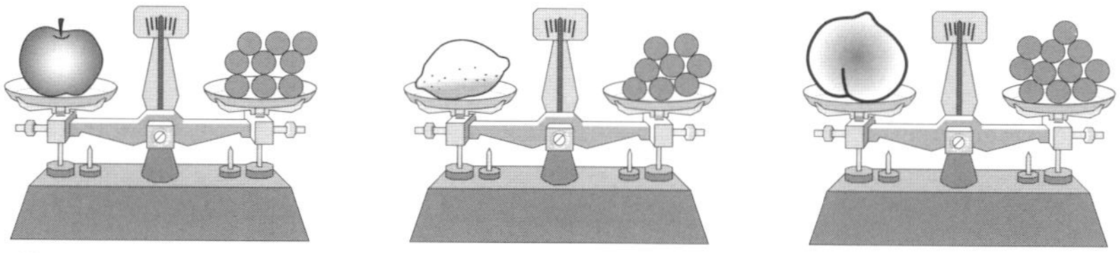

㋤ りんご　㋥ レモン　㋦ もも

□ → □ → □

(A3 141%・B4 122%拡大)

知識技能 A　　　　　　　　　　　　　　　　　月　　日

重さの単位とはかり方

名前

1 □にあてはまる重《おも》さのたんい（g，kg）を書きましょう。(5×3)

(1) 1円玉の重さ　　1 □

(2) お父さんの体重《たいじゅう》　　70 □

(3) ふでばこの重さ　　250 □

2 □にあてはまる数を書きましょう。(5×2)

(1) 1kg ＝ □ g

(2) 1000kg ＝ □ t

3 右のはかりを見て答えましょう。(5×3)

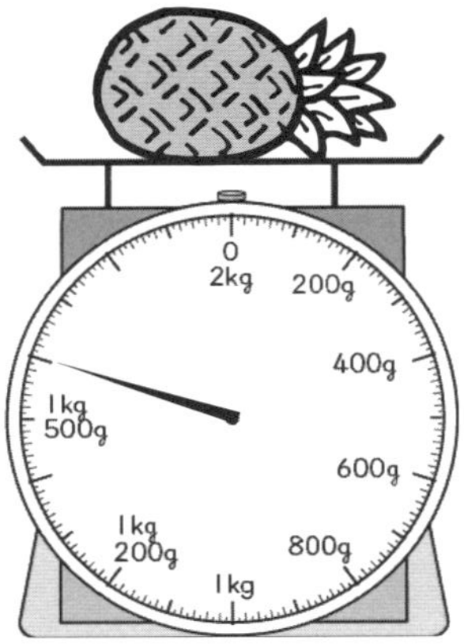

(1) このはかりは，何kgまではかれますか。

□

(2) いちばん小さい1目もりは，何gを表していますか。

□

(3) パイナップルの重さは，何kg何gですか。

□

4 はりがさしている重さを書きましょう。(5×4)

(1)

□

(2)

□

(3)

□

(4)

□

5 □にあてはまる数を書きましょう。(5×4)

(1) 1kg400g ＝ □ g

(2) 1kg50g ＝ □ g

(3) 2400g ＝ □ kg □ g

(4) 3750g ＝ □ kg □ g

6 重さの計算をしましょう。(5×4)

(1) 400g ＋ 200g

(2) 1kg400g ＋ 400g

(3) 600g － 300g

(4) 1kg － 800g

(A3 141%・B4 122%拡大)

重さの単位とはかり方

名前

1　重《おも》さ 300g のかごがあります。
りんごを 1kg250g 入れると，全体《ぜんたい》の重さはどれだけになりますか。（10×2）

式《しき》

答え

2　小麦こが 800g ありました。おこのみやきを作るのに 350g 使《つか》いました。
のこっている小麦こは，何 g ですか。（10×2）

式

答え

3　200g のおさらに，トマトをおいて重さをはかったら，1kg100g ありました。
トマトの重さは，どれだけですか。（10×2）

式

答え

4　しゅんやさんの体重《たいじゅう》は 23kg200g です。
お兄さんの体重は 31kg400g です。（10×4）

(1)　2 人の体重を合わせると，どれだけになりますか。

式

答え

(2)　2 人の体重のちがいは，どれだけになりますか。

式

答え

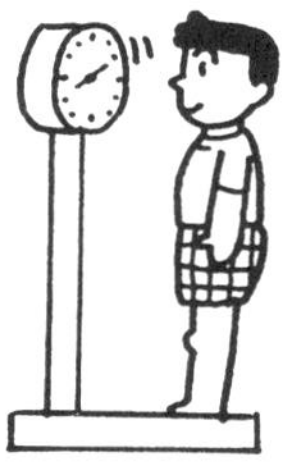

（A3 141%・B4 122%拡大）

重さの単位とはかり方

名前

1　下のはかりを見て答えましょう。(4 × 3)

(1)　このはかりは，何 kg まではかれますか。

(2)　いちばん小さい 1 目もりは，何 g を表《あらわ》していますか。

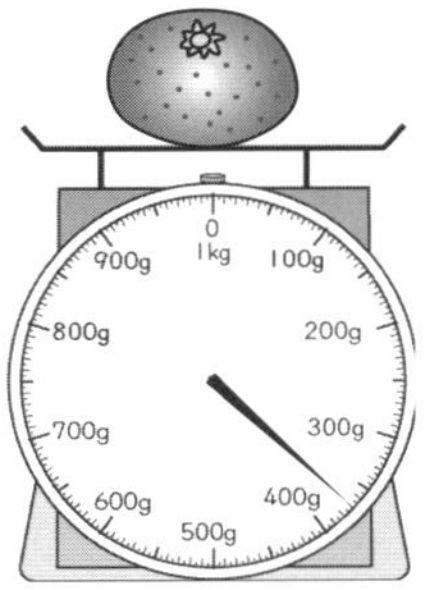

(3)　みかんの重《おも》さは，何 g ですか。

2　はりがさしている重さを書きましょう。(4 × 6)

(1)

(2)

(3)

(4)

(5)

(6)

3　□にあてはまる重さのたんい（g，kg，t）を書きましょう。(4 × 5)

(1)　りんご 1 この重さ　300 □

(2)　ぞう 1 頭の重さ　4 □

(3)　教科書の重さ　250 □

(4)　子どもの体重《たいじゅう》　30 □

(5)　トラックの重さ　6 □

4　□にあてはまる数を書きましょう。(4 × 5)

(1)　1g を □ 倍《ばい》すると 1kg になります。

(2)　4kg600g ＝ □ g

(3)　10kg800g ＝ □ g

(4)　4590g ＝ □ kg □ g

(5)　3080g ＝ □ kg □ g

5　重さの計算をしましょう。(4 × 6)

(1)　2kg ＋ 600g

(2)　1kg500g ＋ 300g

(3)　1kg400g ＋ 700g

(4)　800g － 300g

(5)　1kg900g － 500g

(6)　1kg － 400g

（A3 141%・B4 122%拡大）

月　日

重さの単位とはかり方

名前

1　ちあきさんの体重《たいじゅう》は 24kg400g です。
ねこをだいて体重計にのると，重さは 31kg200g になりました。ねこの体重は，何 kg 何 g ですか。(10×2)

式《しき》

答え

2　お米を 5kg 買いました。
何日か食べて重さをはかると，のこりは 3kg500g でした。食べたお米の重さは，何 kg 何 g ですか。また，それは何 g ですか。
(式 10 答え 5×2)

式

答え　kg　g

g

3　重さ 300g のかごに，350g のかんづめ 1 こと 450g のバナナ 1 ふさを入れると，重さは何 g ですか。また，それは何 kg 何 g ですか。(式 10 答え 5×2)

式

答え　g

kg　g

4　㋐のみかんは 1kg700g あります。
㋑のみかんは 900g あります。
㋐と㋑のみかんを合わせて，箱《はこ》に入れます。
(10×4)

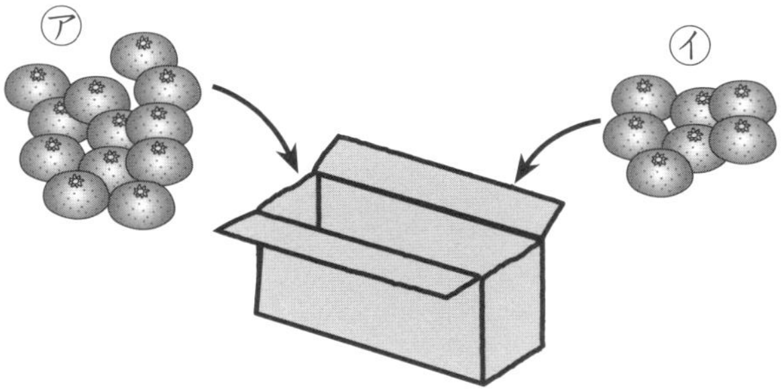

(1)　㋐と㋑のみかんを合わせると，重さはどれだけになりますか。

式

答え

(2)　箱に入れて重さをはかると，ちょうど 3kg でした。箱の重さは，どれだけですか。

式

答え

(A3 141%・B4 122%拡大)

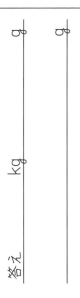

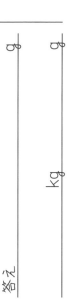

　　　　月　　日

分数

名前

1　色のついたところの大きさは，$1m^2$ の何分の1ですか。(10×6)

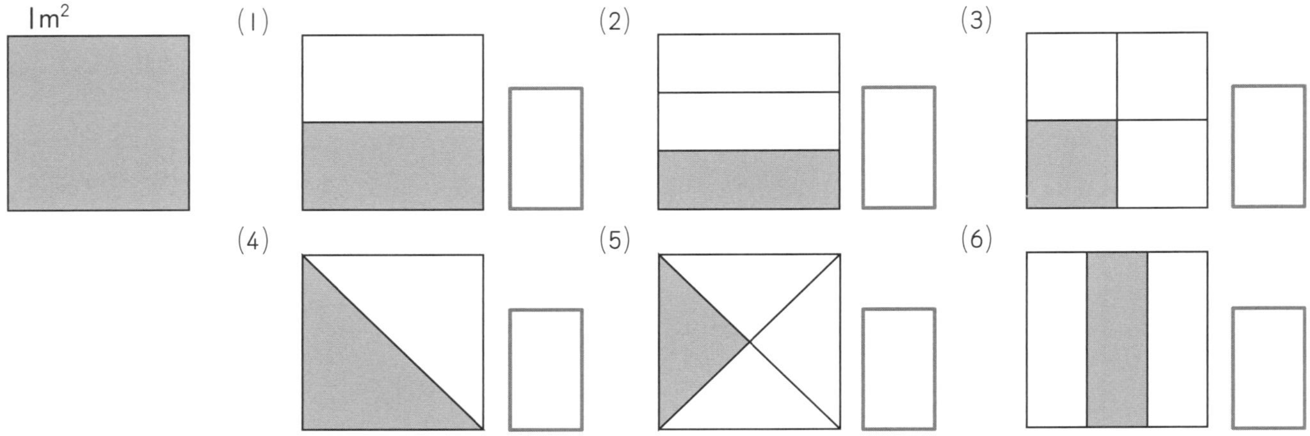

2　色のついたところの長さは，1mの何分の1ですか。(10×2)

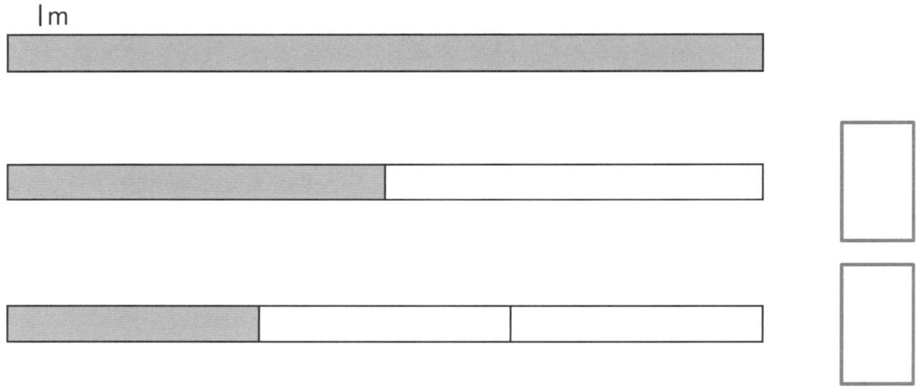

3　□にあてはまる数を書きましょう。(5×4)

(1)

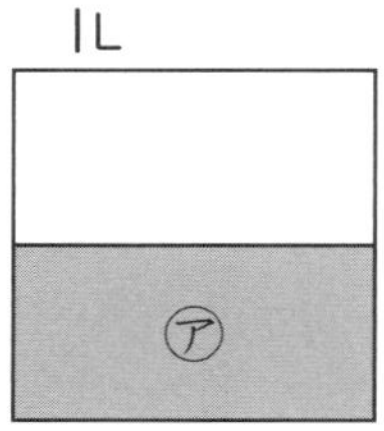

㋐は，1Lの $\frac{1}{\square}$ の大きさです。㋐を□つ集《あつ》めると，もとの大きさの1Lになります。

(2)

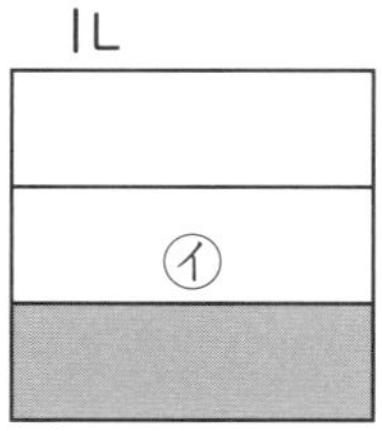

㋑は，1Lの $\frac{1}{\square}$ の大きさです。㋑を□つ集めると，もとの大きさの1Lになります。

(A3 141%・B4 122%拡大)

月　日

分数

名前

1　次《つぎ》の色をぬったところの長さは，何 m ですか。分数で表《あらわ》しましょう。(5 × 2)

(1)

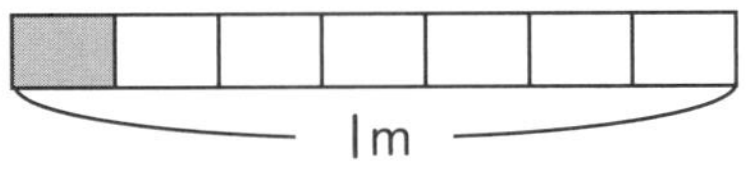

□ m

(2)

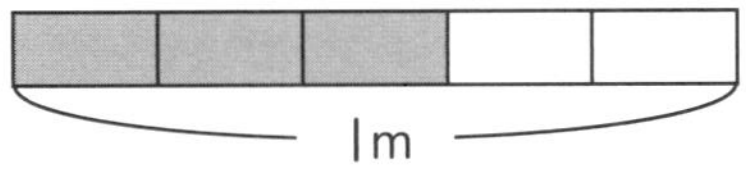

□ m

2　次の色をぬったところの水のかさは，何 L ですか。分数で表しましょう。(5 × 2)

(1)

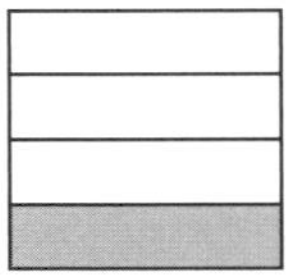

□ L

(2)

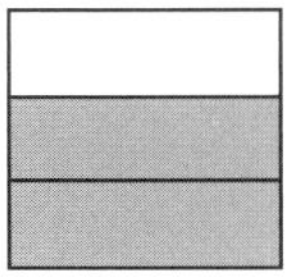

□ L

3　次の □ にあてはまる数を書きましょう。(5 × 3)

(1) $\frac{3}{6}$ L は，$\frac{1}{6}$ L の □ こ分です。

(2) $\frac{1}{8}$ m の 5 こ分は □ m です。

(3) 1m は $\frac{1}{5}$ m が □ こ集《あつ》まった長さです。

4　次の分数を色をぬって表しましょう。(5 × 3)

(1) $\frac{2}{6}$ m

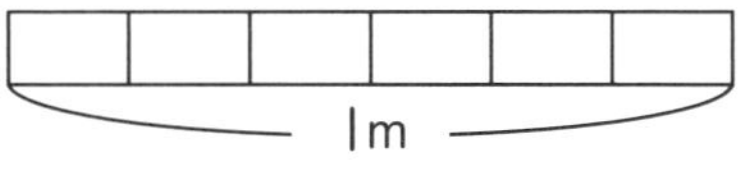

(2) $\frac{3}{5}$ L

(3) $\frac{4}{9}$ L

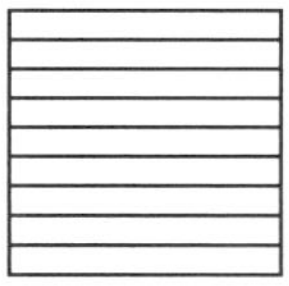

5　下の数直線で，↑の目もりが表す分数を書きましょう。(5 × 2)

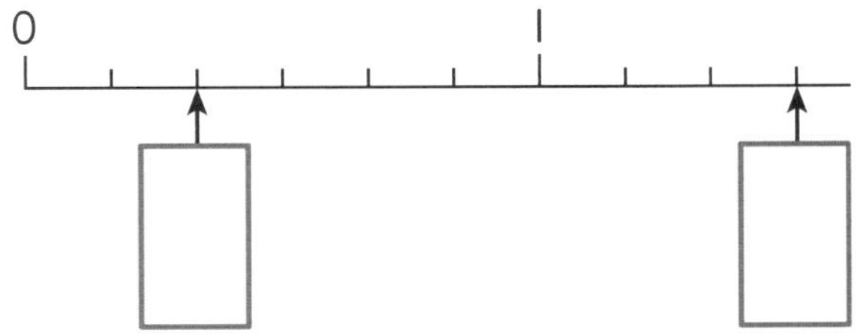

6　□ にあてはまる不等号《ふとうごう》(< , >) を書きましょう。(5 × 2)

(1) $\frac{3}{5}$ □ $\frac{4}{5}$　　(2) 1 □ $\frac{9}{10}$

7　次の計算をしましょう。(5 × 6)

(1) $\frac{2}{8} + \frac{3}{8}$

(2) $\frac{1}{7} + \frac{5}{7}$

(3) $\frac{3}{10} + \frac{7}{10}$

(4) $\frac{4}{5} - \frac{2}{5}$

(5) $\frac{8}{9} - \frac{5}{9}$

(6) $1 - \frac{2}{3}$

(A3 141%・B4 122%拡大)

月　日

分数

名前

1　$\frac{2}{7}$ L のジュースと $\frac{4}{7}$ L のジュースを合わせると，何 L になりますか。（10×2）

式《しき》

答え

2　牛にゅうが 1L ありました。ホットケーキを作るのに $\frac{3}{5}$ L 使《つか》うと，のこりは何 L になりますか。（10×2）

式

答え

3　バナナをかごに入れてはかると $\frac{9}{10}$ kg でした。かごの重さは $\frac{2}{10}$ kg です。
バナナの重さは，何 kg ですか。（10×2）

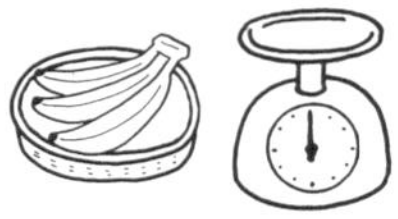

式

答え

4　リボンが 1m ありました。$\frac{3}{8}$ m 使いました。何 m のこっていますか。（10×2）

式

答え

5　麦茶を $\frac{2}{9}$ L を飲《の》みました。
のこりは $\frac{7}{9}$ L になりました。
麦茶は，はじめに何 L ありましたか。（10×2）

式

答え

（A3 141%・B4 122%拡大）

分数

名前

[1] 色をぬったところのかさを分数で表《あらわ》しましょう。(4×2)

(1) 1L
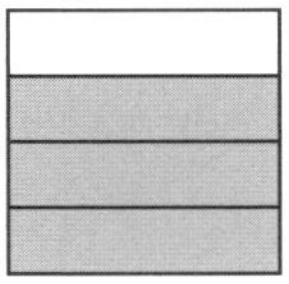
□ L

(2) 1L
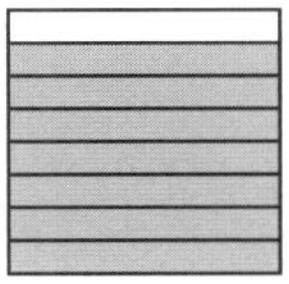
□ L

[2] 色をぬったところの長さを分数で表しましょう。(4×2)

(1)
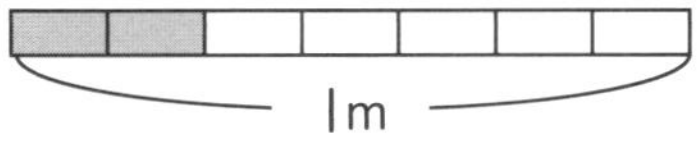
□ m

(2)
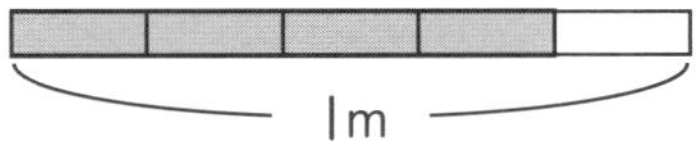
□ m

[3] □にあてはまる数を書きましょう。(4×4)

(1) 1mを6等分《とうぶん》した1こ分の長さは□mです。

(2) 1Lを5等分した3こ分のかさは□Lです。

(3) $\frac{1}{4}$ mの4こ分は□mです。

(4) $\frac{1}{7}$ Lの□こ分は1Lです。

[4] 数直線で，↑が表す分数を書きましょう。(4×4)

(1)

(2)

[5] ↓のさす数を数直線の上には分数で，数直線の下には小数で書きましょう。(4×3)

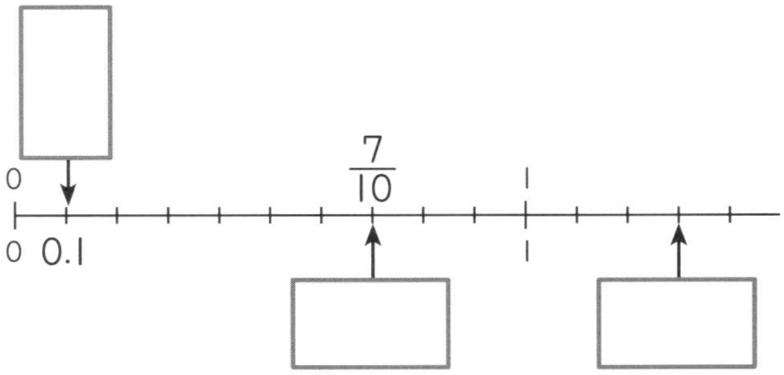

[6] □にあてはまる不等号《ふとうごう》を書きましょう。(4×2)

(1) $\frac{3}{10}$ □ 0.4　　(2) 1 □ $\frac{5}{6}$

[7] 次の計算をしましょう。(4×8)

(1) $\frac{3}{8}+\frac{4}{8}$

(2) $\frac{3}{9}+\frac{5}{9}$

(3) $\frac{3}{5}+\frac{2}{5}$

(4) $\frac{5}{12}+\frac{7}{12}$

(5) $\frac{6}{7}-\frac{3}{7}$

(6) $\frac{9}{10}-\frac{8}{10}$

(7) $1-\frac{5}{8}$

(8) $1-\frac{5}{11}$

(A3 141%・B4 122%拡大)

月　日

分数

名前

1　今日１日で，まきさんは $\frac{2}{9}$ L，たかおさんは $\frac{5}{9}$ L 牛にゅうを飲《の》みました。(5×4)

(1)　２人合わせて，何 L の牛にゅうを飲みましたか。

式《しき》

答え

(2)　どちらがどれだけ多く飲みましたか。

式

答え

2　テープが 1m ありました。はじめに $\frac{3}{7}$ m 使《つか》いました。次《つぎ》に，$\frac{1}{7}$ m 使いました。何 m 残《のこ》っていますか。(10×2)

式

答え

3　やき肉をします。肉を $\frac{1}{4}$ kg 買ってきたので，1kg になりました。買ってくる前には，何 kg 肉がありましたか。(10×2)

式

答え

4　油《あぶら》が 1L ありました。コロッケ作りで使ったので，$\frac{4}{9}$ L になりました。使った油は，何 L ですか。(10×2)

式

答え

5　きのうは，$\frac{3}{10}$ km 泳ぎました。今日は，0.4km 泳ぎました。きのうと今日と，合わせて何 km 泳ぎましたか。答えは分数で表《あらわ》しましょう。(10×2)

式

答え

(A3 141%・B4 122%拡大)

月　日

□を使った式

名前

1　下の文を読んで，図の□にあてはまる数を書き，式《しき》をかんせいさせましょう。(5×8)

(1)　じ童館《どうかん》に子どもが16人います。
あとから7人来たので，
みんなで23人になりました。

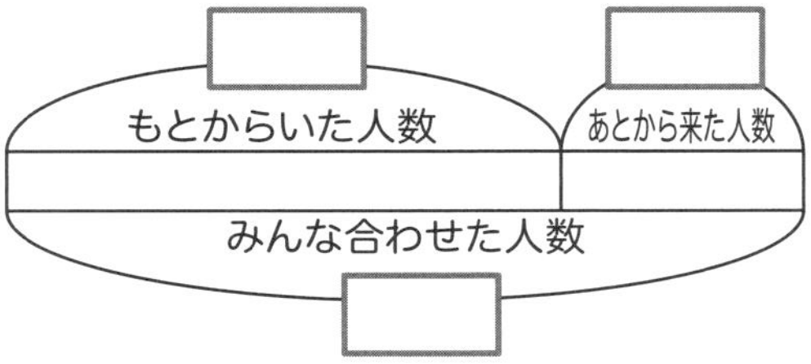

式 □ ＝23

(2)　お金を200円持《も》っていました。
120円使《つか》いました。
のこりは，80円になりました。

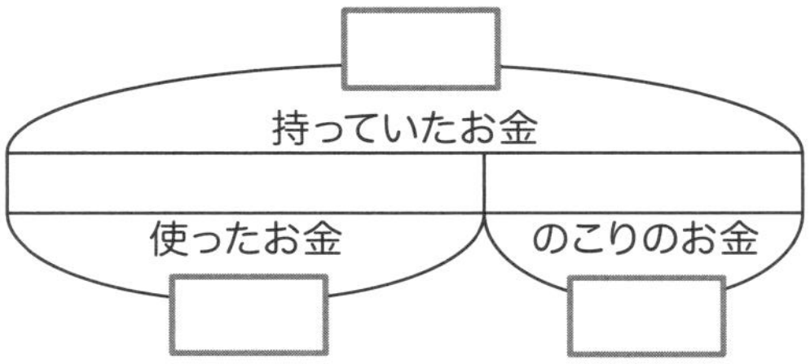

式 □ ＝80

2　赤色と黄色のチューリップの花が，合わせて24本さいています。
赤色のチューリップの花は16本です。
黄色のチューリップの花は，何本ですか。(10×2)

式

答え

3　1箱《はこ》にチョコレートが9こ入っています。
その箱が10箱あると，チョコレートは全部《ぜんぶ》で
何こになりますか。(10×2)

式

答え

4　48本ある花を，6人で同じ数ずつ分けます。
1人分は，何本になりますか。(10×2)

式

答え

(A3 141%・B4 122%拡大)

知識技能 A

月　日

□を使った式

名前

1　下の問題《もんだい》文を読んで，図の□にあてはまる数を書きましょう。わからない数には？を書きましょう。(5×12)

(1)　バスに 14 人乗《の》っていました。
　次《つぎ》のバスていで何人か乗って来たので，
バスに乗っている人は 22 人になりました。

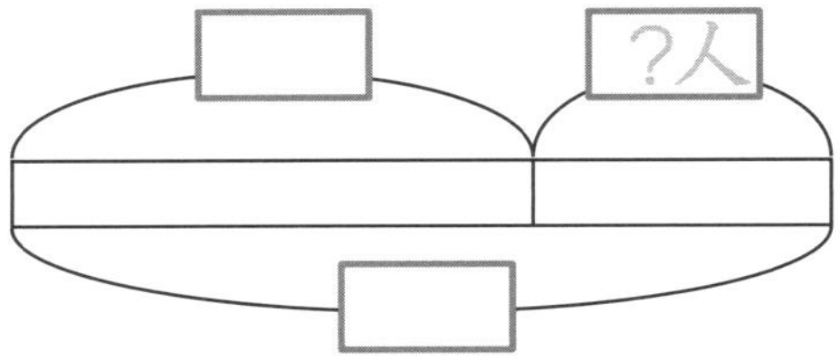

(2)　えんぴつが，何本かありました。
　3 年生でえんぴつを 15 本使《つか》ったので，
9 本になりました。

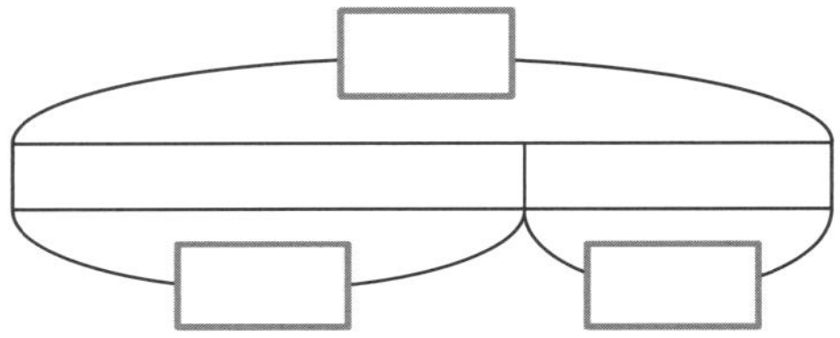

(3)　1 ふくろにあめが，10 こ入っています。
　それを何ふくろか買うと，あめは全部《ぜんぶ》で
50 こになります。

あめの数
ふくろの数

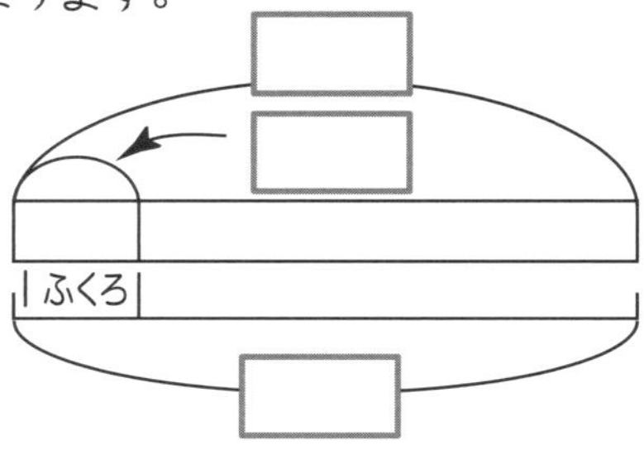

(4)　何ページかある本を読みました。
　48 ページ読んだので，のこりは
39 ページになりました。

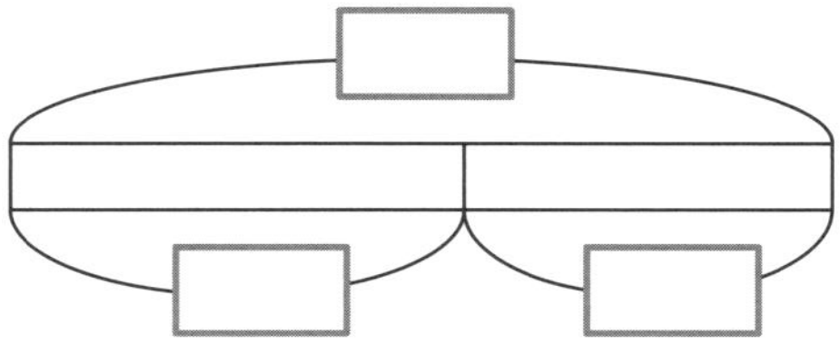

2　□にあてはまる数をもとめましょう。(5×8)

(1)　23 + □ = 45

(2)　□ + 43 = 72

(3)　□ − 37 = 68

(4)　□ − 89 = 109

(5)　5 × □ = 45

(6)　□ × 6 = 30

(7)　□ ÷ 7 = 4

(8)　□ ÷ 6 = 9

(A3 141%・B4 122%拡大)

月　日

□を使った式

名前

1　公園で子どもが，17人遊《あそ》んでいます。
あとから何人かやって来たので，公園で遊んでいる子どもは25人になりました。

(1)　図の□にあてはまる数を書きましょう。(5×2)

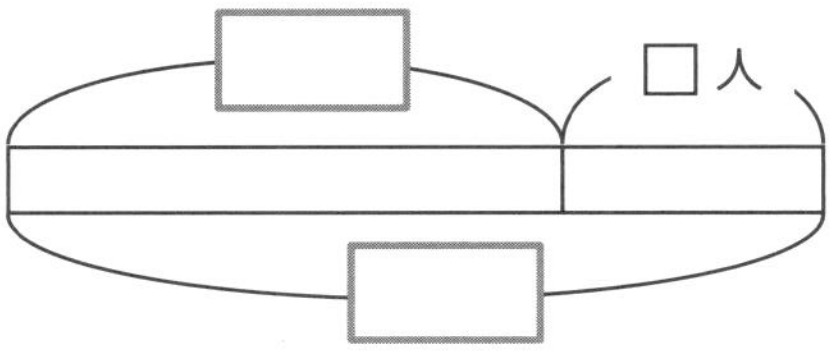

(2)　あとから来た人数を□として，たし算の式《しき》を書きましょう。(10)

式

(3)　□にあてはまる数をもとめましょう。(10)

答え

2　トマトが何こかありました。8こ食べたので，のこりが15こになりました。

(1)　図の□にあてはまる数を書きましょう。(5×2)

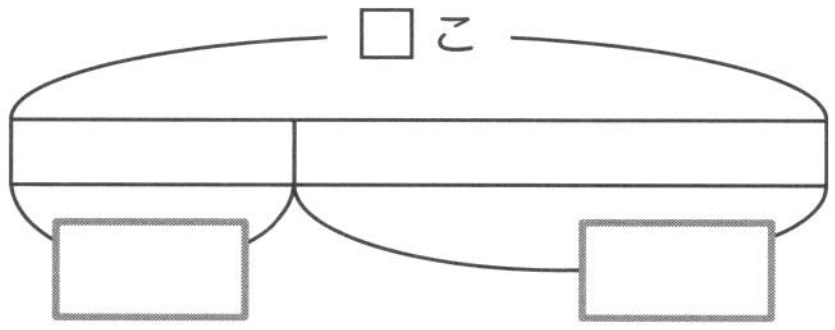

(2)　はじめにあったトマトの数を□として，ひき算の式を書きましょう。(10)

式

(3)　□にあてはまる数をもとめましょう。(10)

答え

3　おかしが同じ数ずつ入っているふくろが，7ふくろあります。
おかしは全部《ぜんぶ》で42こです。

(1)　図の□にあてはまる数を書きましょう。(5×2)

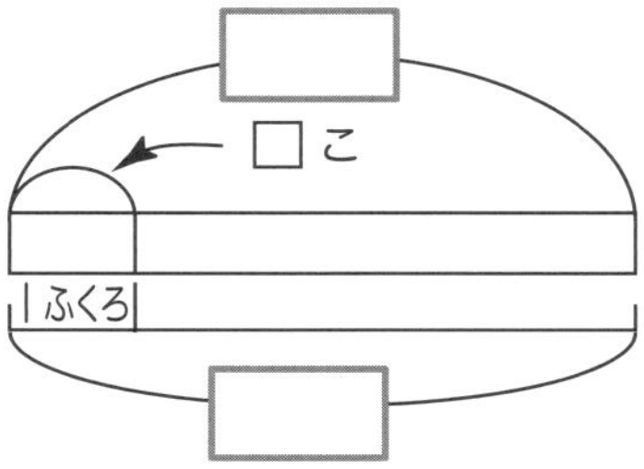

(2)　1ふくろに入っているおかしの個数を□として，かけ算の式を書きましょう。(10)

式

(3)　□にあてはまる数をもとめましょう。(10)

答え

4　(1)と(2)の式になる文を，下の㋐～㋓の中から選《えら》びましょう。(5×2)

(1)　□＋6＝13

(2)　□×6＝42

㋐　ビー玉が何こかありました。6こもらったので，13こになりました。

㋑　ビー玉が何こかありました。6こあげたので，13こになりました。

㋒　1人にビー玉を6こずつ，何人かにあげるには，全部で42こいります。

㋓　ビー玉を1人に何こかずつ，6人にあげるには，全部で42こいります。

(A3 141%・B4 122%拡大)

月　日

□を使った式

名前

1　下の問題《もんだい》文を読んで，図の□にあてはまる数を書きましょう。わからない数には？を書きましょう。(4 × 15)

(1)　ちゅうしゃ場に車が 23 台止まっています。あとから何台か入ってきたので，全部《ぜんぶ》で 54 台になりました。

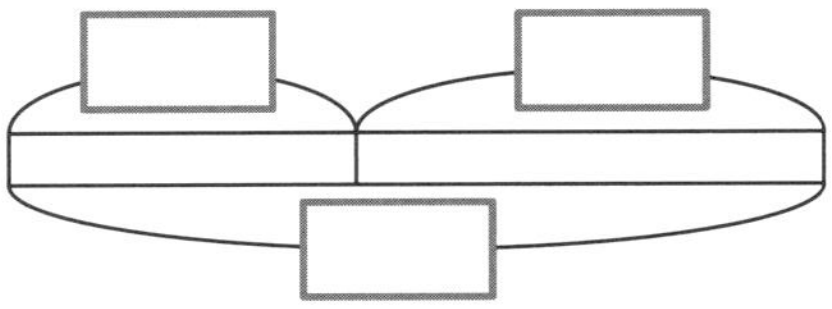

(2)　みかんが何こかありました。18 こ食べたので，のこりが 15 こになりました。

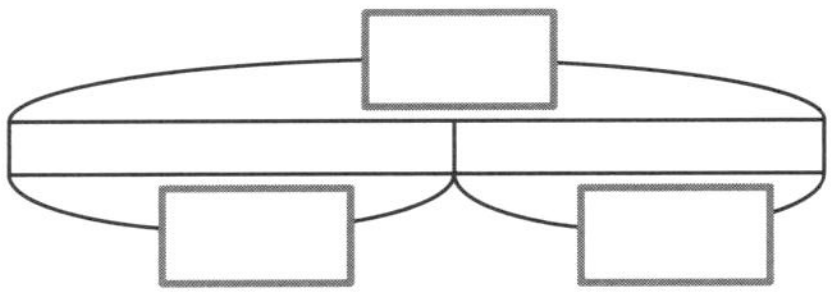

(3)　1 箱《はこ》にガムが何まいか入っています。7 箱買うと，ガムは全部で 56 まいになります。

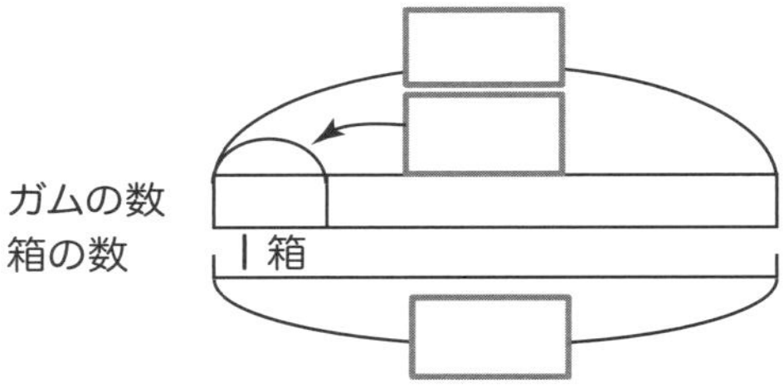

(4)　電線に，すずめが何羽か止まっています。18 羽とんでいったので，のこりは 19 羽になりました。

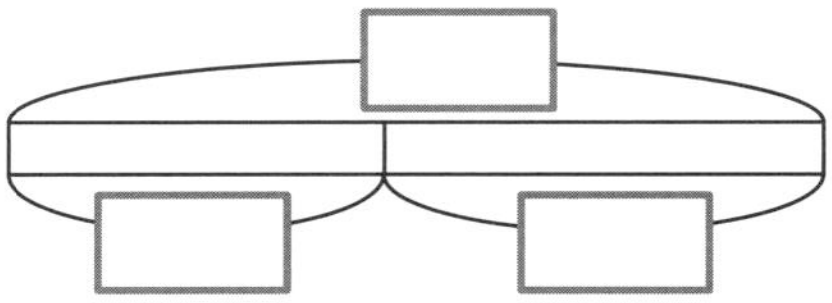

(5)　おり紙を何まいか持《も》っていました。15 まいもらったので，全部で 50 まいになりました。

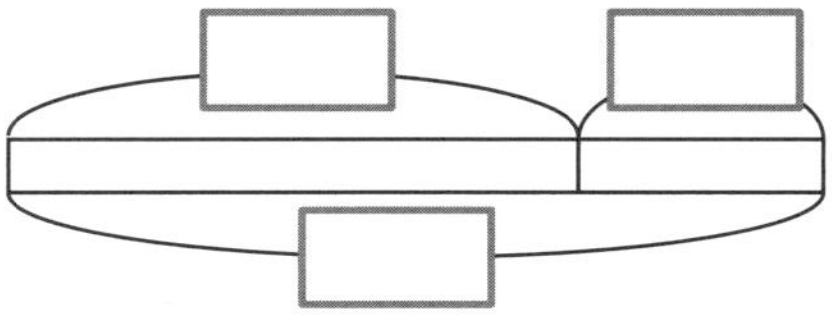

2　□にあてはまる数をもとめましょう。(4 × 10)

(1)　37 + □ = 82

(2)　□ + 69 = 100

(3)　□ + 19 = 107

(4)　□ − 66 = 77

(5)　□ − 154 = 29

(6)　□ − 430 = 590

(7)　9 × □ = 72

(8)　□ × 8 = 48

(9)　□ ÷ 7 = 9

(10)　□ ÷ 4 = 9

(A3 141%・B4 122%拡大)

月　日

□を使った式

名前

1　わからない数を□として，たし算の式《しき》に表《あらわ》して，□にあてはまる数をもとめましょう。（式 10 答え 5 × 2）

(1)　しゅんやさんは，何まいかシールを持《も》っていました。お兄さんから 19 まいもらったので，全部《ぜんぶ》で 33 まいになりました。（はじめに持っていたまい数を□にして，式に表しましょう。）

式

答え

(2)　80 円のパンと何円かのジュースを買うと，代金は 210 円でした。（ジュースの代金を□にして，式に表しましょう。）

式

答え

2　わからない数を□としてひき算の式に表して，□にあてはまる数をもとめましょう。（式 10 答え 5 × 2）

(1)　さとうが何 g かありました。おかしを作るのに 120g 使《つか》ったので，180g になりました。（はじめにあったさとうの重さを□にして，式に表しましょう。）

式

答え

(2)　お金を何円か持っていました。125 円のおかしを買うと，のこりは 155 円になりました。（はじめに持っていたお金を□にして，式に表しましょう。）

式

答え

3　わからない数を□としてかけ算の式に表して，□にあてはまる数をもとめましょう。（式 10 答え 5 × 2）

(1)　1 まい 5 円のおり紙を何まいか買うと，代金は 30 円でした。（おり紙を買ったまい数を□にして，式に表しましょう。）

式

答え

(2)　同じ本数ずつの花たばを作ります。花たばを 7 たば作ると，花は全部で 35 本使いました。（1 たばの花の本数を□にして，式に表しましょう。）

式

答え

4　①と② の式になる文を，下の㋐～㋓の中からえらびましょう。（5 × 2）

①　□ × 6 = 42　［　］

②　□ ÷ 6 = 7　［　］

㋐　いちごが何こかありました。6 こもらったので，42 こになりました。

㋑　1 人に同じ数ずついちごをくばります。6 人にくばると，全部で 42 こいちごがいります。

㋒　何こかあるいちごを 6 人に同じ数ずつくばると，7 こずつくばれました。

㋓　いちごが何こかありました。6 こ食べたので，のこりは 7 こになりました。

（A3 141%・B4 122%拡大）

　月　日

かけ算の筆算（2）

名前 ＿＿＿＿＿＿＿＿

1 次《つぎ》の計算を筆算《ひっさん》でしましょう。(5 × 10)

(1) 32 × 4　(2) 27 × 3　(3) 85 × 4　(4) 73 × 8

(5) 86 × 5　(6) 75 × 8　(7) 49 × 7

(8) 425 × 6　(9) 875 × 9　(10) 679 × 8

2 次の計算をしましょう。(5 × 2)

(1) 8 × 10　(2) 49 × 10

3 1本が98円のジュースを6本買います。代金《だいきん》は，何円になりますか。(10 × 2)

式《しき》

答え ＿＿＿＿＿＿＿＿

4 175cmのリボンを8本作ります。リボンは，全部《ぜんぶ》で何mあればいいですか。(10 × 2)

式

答え ＿＿＿＿＿＿＿＿

(A3 141%・B4 122%拡大)

月　日

かけ算の筆算（2）

名前

1 13 × 24 の筆算《ひっさん》をします。
□にあてはまる数を書きましょう。(各列5×3)

```
    1 3
  × 2 4
  ─────
    □ □  ⬅ 13 × 4  = □
  □ □ 0  ⬅ 13 × 20 = □
  ─────
  □ □ □  ⬅ 合わせる
```

2 次《つぎ》の計算をしましょう。(5×3)

(1) 5 × 70

(2) 30 × 60

(3) 23 × 30

3 25 × 4 = 100 を使《つか》って，次の計算をします。□にあてはまる数を書きましょう。(5×4)

(1) 25 × 16 = 25 × □ × 4
= 100 × 4
= □

(2) 25 × 28 = 25 × 4 × □
= 100 × 7
= □

4 次の計算を筆算でしましょう。(5×10)

(1) 34 × 21　(2) 70 × 12

(3) 64 × 57　(4) 57 × 46

(5) 93 × 86　(6) 18 × 74

(7) 36 × 46　(8) 89 × 76

(9) 243 × 42　(10) 867 × 49

(A3 141%・B4 122%拡大)

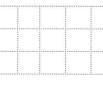

月　日

かけ算の筆算（2）

名前

1　子どもが 28 人います。
1 人に 36 まいずつおり紙をくばります。
おり紙は，何まいいりますか。(10×2)

式《しき》

答え

2　1 本 96 円のジュースを 48 本買います。
代金《だいきん》は，何円になりますか。(10×2)

式

答え

3　はるひさんのクラスは 29 人です。
バスに乗《の》って社会見学に行きます。
バス代は，1 人が 650 円になります。
バス代は，全員《ぜんいん》で何円になりますか。(10×2)

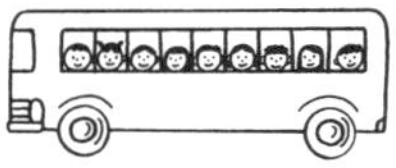

式

答え

4　かざりを作るために，85cm のテープを 72 本用意《ようい》します。
テープは，全部《ぜんぶ》で何 cm いりますか。また，それは何 m 何 cm ですか。(式 10 答え 5×2)

式

答え　　cm

m　　cm

5　次の計算はまちがっています。まちがっているわけを下からえらんで □ に記号《きごう》を書き，正しい筆算《ひっさん》をしましょう。(5×4)

(1)

```
    5 7
  × 4 3
  -----
  1 7 1
  2 2 8
  -----
  3 9 9
```

□

正しい筆算

(2)

```
      2 7
    × 8 4
  -------
      8 8
  2 1 6
  -------
  2 2 4 8
```

□

正しい筆算

ア　0 をかけることをしていないから。
イ　十の位《くらい》をかけた答えを書くいちを，まちがっているから。
ウ　くり上がった数を合わせていないから。

(A3 141%・B4 122%拡大)

かけ算の筆算（2）

名前 ＿＿＿＿＿＿＿＿

1　34 × 26 の筆算《ひっさん》のしかたをせつ明します。
□にあてはまる数を書きましょう。(4 × 3)

```
   3 4
 × 2 6
 ─────
 ▓▓▓▓▓ ← ①
 ▓▓▓▓▓ ← ②
 ─────
 ▓▓▓▓▓ ← ③
```

① 34 × □ の計算をします。□ になります。

② 34 × □ の計算をします。□ になります。
一の位《くらい》の 0 は書きません。

③ ①と②の答えを合わせます。
答えは □ になります。

2　次《つぎ》の計算をしましょう。(4 × 4)

(1) 6 × 80　　(2) 40 × 70

(3) 32 × 30　　(4) 42 × 40

3　50 × 2 = 100 や 25 × 4 = 100 を使《つか》って，次の計算をします。
□にあてはまる数を書きましょう。(4 × 3)

(1) 50 × 47 × 2 = 47 × □ × 2
= 47 × □
= □

(2) 25 × 86 × 4 = 86 × □ × 4
= 86 × □
= □

(3) 25 × 32 = 25 × □ × 8
= □ × 8
= □

4　次の計算を筆算でしましょう。(5 × 12)

(1) 32 × 24　　(2) 80 × 47

(3) 45 × 60　　(4) 83 × 49

(5) 34 × 84　　(6) 28 × 74

(7) 63 × 78　　(8) 25 × 84

(9) 73 × 47　　(10) 89 × 76

(11) 38 × 96　　(12) 456 × 32

(A3 141%・B4 122%拡大)

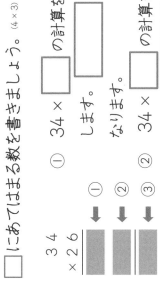

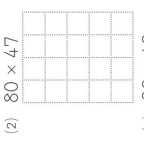

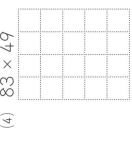

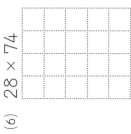

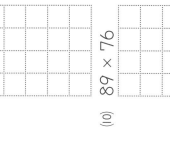

月　日

かけ算の筆算（2）

名前

1 あめが入ったふくろが 35 ふくろあります。
1 ふくろには 24 こずつ入っています。
あめは，全部《ぜんぶ》で何こありますか。(10 × 2)

式《しき》

答え

2 1 箱《はこ》が 125 円のおかしを 16 こと，
280 円の飲《の》みものを 1 本買います。
代金《だいきん》は，いくらになりますか。(10 × 2)

式

答え

3 1 まい 56 円の用紙を 17 まい買って，
1000 円をはらいました。
おつりは，何円になりますか。(10 × 2)

式

答え

4 18 人に 250mL ずつジュースをつぎます。
ジュースは全部で何 mL いりますか。
また，それは何 L 何 dL ですか。(式 10 答え 5 × 2)

式

答え　　mL

L　　dL

5 次《つぎ》の計算はまちがっています。まちがっているところを書き，正しい筆算《ひっさん》をしましょう。(5 × 4)

(1)

```
   9 4
 × 2 7
 6 5 8
 1 8 8
 8 4 6
```

正しい筆算

まちがっているところ

(2)

```
     5 0 7
   ×   9 6
     3 4 2
 4 5 6 3
 4 5 9 7 2
```

正しい筆算

まちがっているところ

(A3 141%・B4 122%拡大)

月　日

三角形と角

名前

1 □にあてはまる言葉《こと ば》を，⬚からえらんで書きましょう。(10 × 4)

三角形	辺
ちょう点	四角形

(1) 3本の直線でかこまれた形を□といいます。

(2) 4本の直線でかこまれた形を□といいます。

(3) 図の→がさしているところの名前を書きましょう。

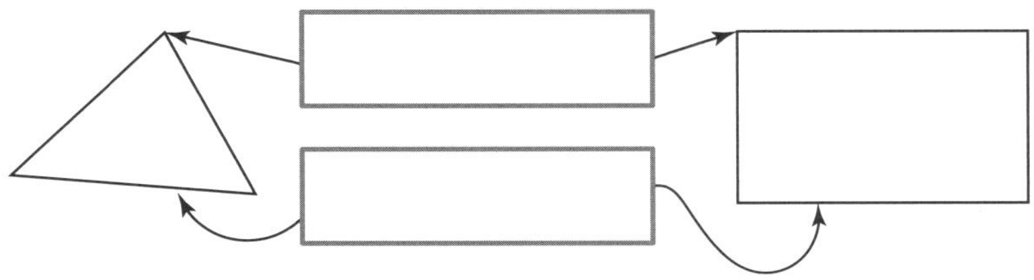

2 次の三角形の線を，引いてある線のつづきにかきましょう。(10 × 3)

(1) 直角になる２つの辺の長さが 3cm と 4cm の三角形

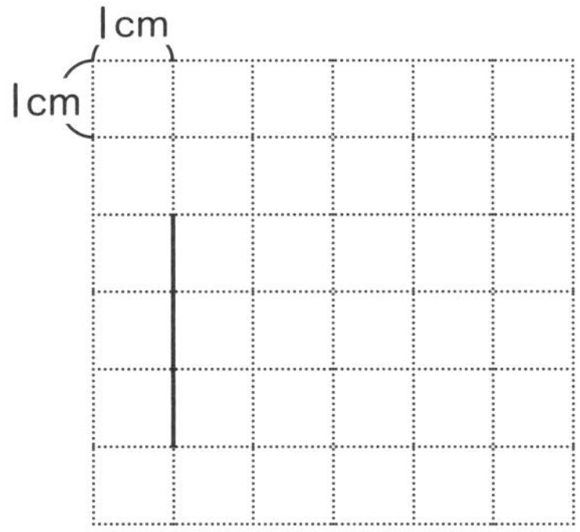

(2) 直角になる２つの辺の長さが 2cm と 4cm の三角形

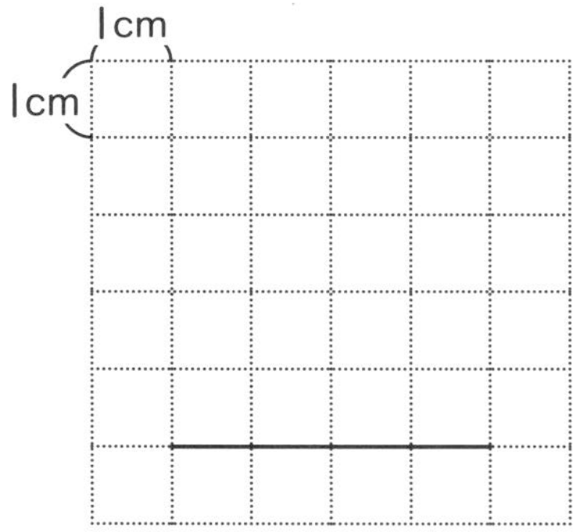

(3) 直角になる２つの辺の長さが 4cm と 4cm の三角形

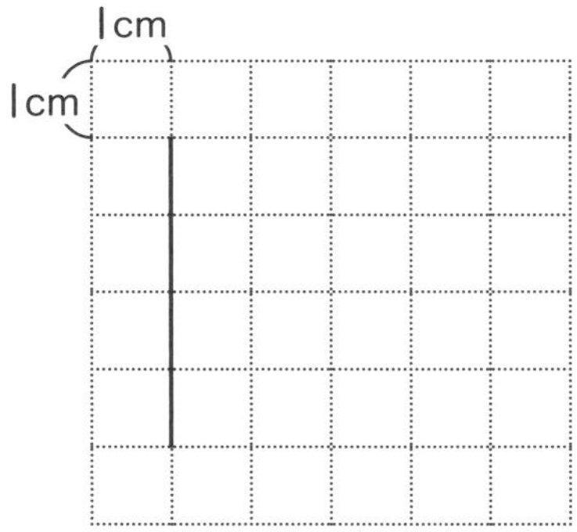

3 コンパスを使《つか》って，交わる点を見つけましょう。(10 × 3)

(1) 点アから 3cm，点イ から 4cm で交わる点

(2) 点カから 3cm 点キからも 3cm で交わる点

(3) 点サから 4cm 点シからも 4cm で交わる点

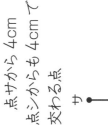

(A3 141%・B4 122%拡大)

知識技能 A　　　　月　　日

三角形と角

名前

1　下の図の中から二等辺三角形《にとうへんさんかくけい》と正三角形《せいさんかくけい》を見つけて，記号《きごう》を書きましょう。(5 × 4)

二等辺三角形　□　□　　正三角形　□　□

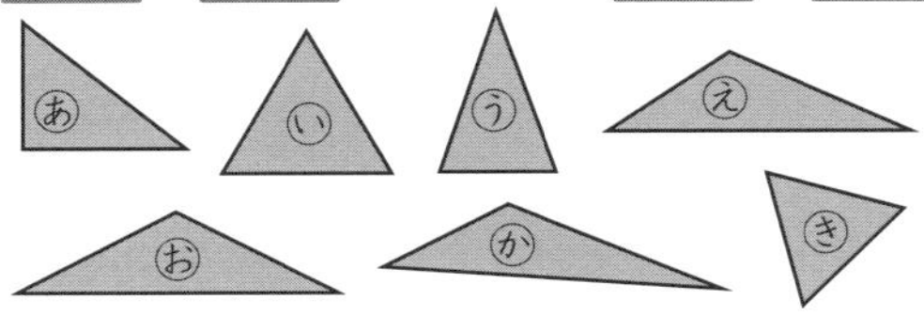

2　下の二等辺三角形について答えましょう。(5 × 2)

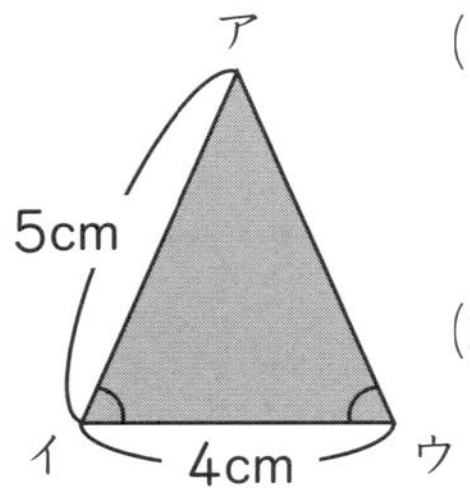

(1)　辺アウの長さは何 cm ですか。　□ cm

(2)　角の大きさが等しいのは，どの角とどの角ですか。　角 □ と 角 □

3　下の正三角形について答えましょう。(5 × 2)

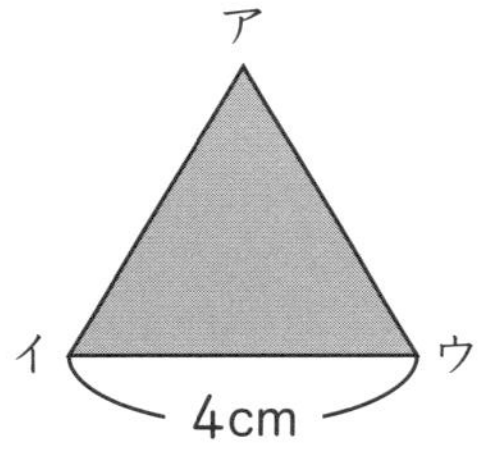

(1)　辺アイと辺アウは何 cm ですか。　□ cm

(2)　大きさが等しい角は何こありますか。　□ こ

4　下のあからえの角を見て答えましょう。(5 × 2)

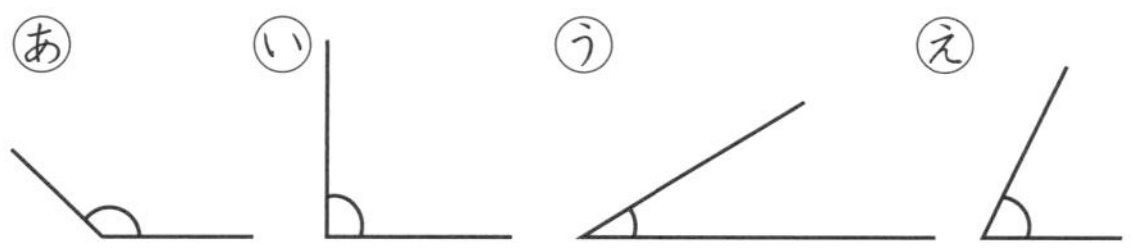

(1)　いちばん大きい角は，どれですか。　□

(2)　いちばん小さい角は，どれですか。　□

5　2つの三角じょうぎを見て答えましょう。(10 × 2)

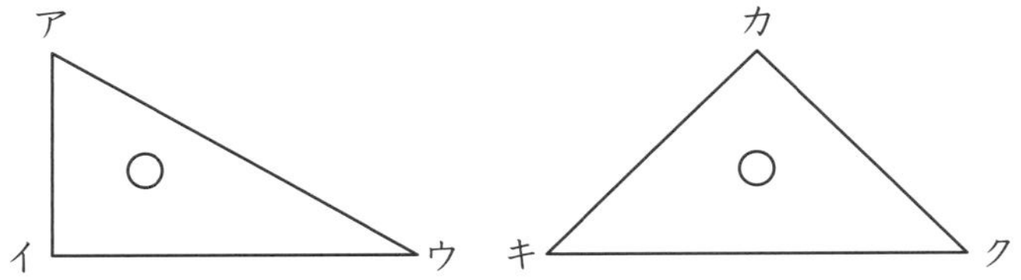

(1)　イ の角と等しい角はどれですか。　角 □

(2)　三角じょうぎの角の中で，いちばん小さい角はどれですか。　角 □

6　次《つぎ》の三角形をかきましょう。(10 × 3)

(1)　辺の長さが 3cm，3cm，4cm の二等辺三角形

(2)　辺の長さが 3cm，5cm，5cm の二等辺三角形

(3)　1 辺の長さが 4cm の正三角形

(A3 141%・B4 122%拡大)

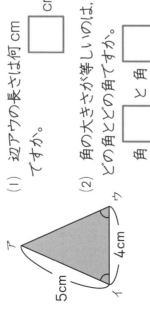

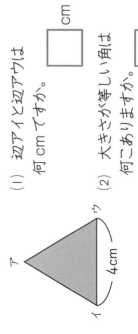

月　日

三角形と角

名前

1　下の図のように三角じょうぎを２まいならべると，何という三角形ができますか。
また，そのわけを書きましょう。(20×2)

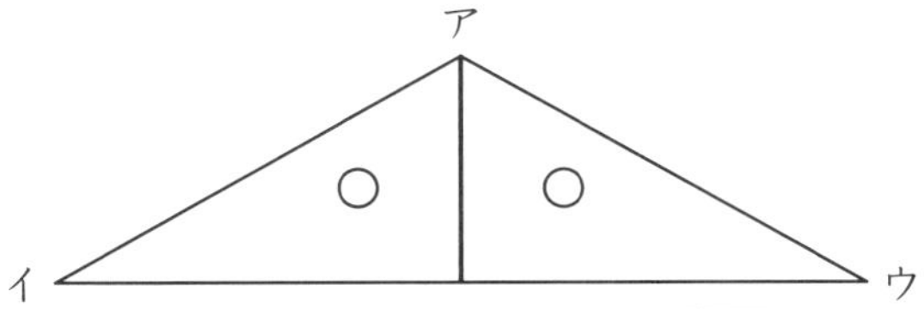

わけ

2　下の図のように，紙を半分におって点線のところで切って広げると，何という三角形になりますか。(20)

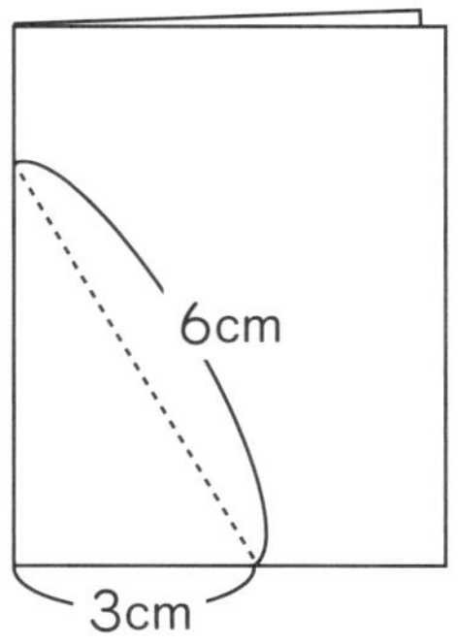

3　下の図の円は半径《はんけい》が5cmで，点アは円の中心です。(20×2)

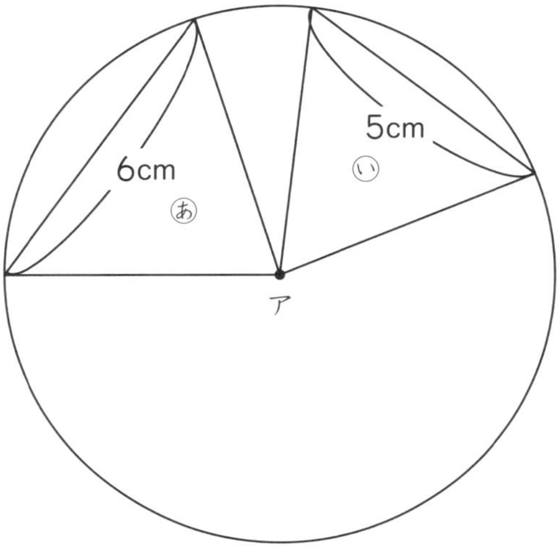

(1)　あは何という三角形ですか。

(2)　いは何という三角形ですか。

(A3 141%・B4 122%拡大)

　　月　日

三角形と角

名前

1　下の図の中から二等辺三角形《にとうへんさんかくけい》と正三角形《せいさんかくけい》を見つけて，記号《きごう》を書きましょう。(4×6)

二等辺三角形　□□□　正三角形　□□□

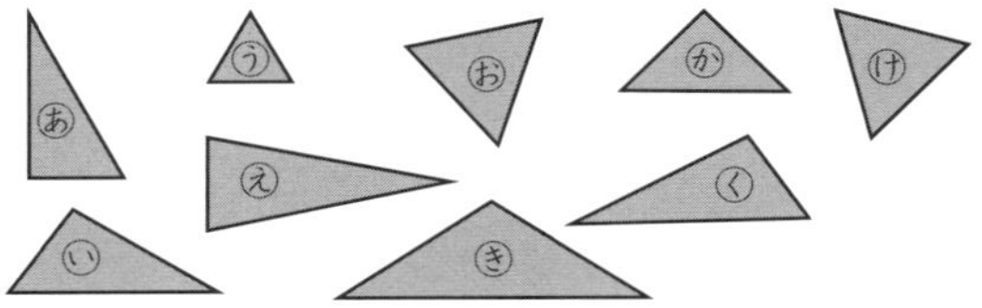

2　次《つぎ》の三角形は何という三角形ですか。(4×4)

(1)　3つの角の大きさがみんな等《ひと》しい三角形

(2)　2つの角の大きさが等しい三角形

(3)　3つの辺の長さがみんな等しい三角形

(4)　2つの辺の長さが等しい三角形

3　2つの三角じょうぎを見て答えましょう。(4×4)

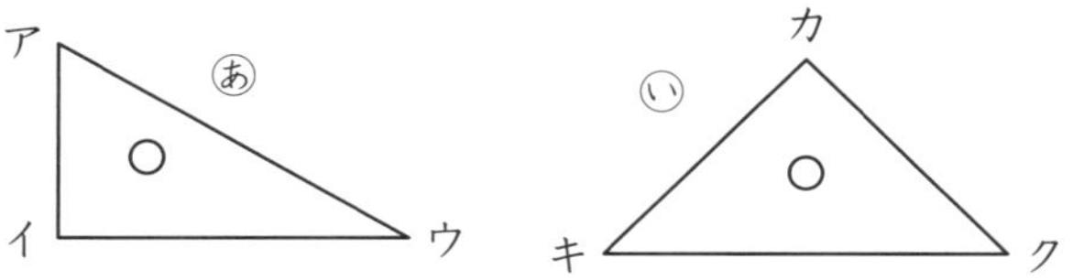

(1)　二等辺三角形はあ，いのどちらですか。

(2)　同じ大きさの角を，2組書きましょう。

角□と角□　角□と角□

(3)　いちばん小さい角は，どれですか。

4　下のあからおの角を見て答えましょう。(4)

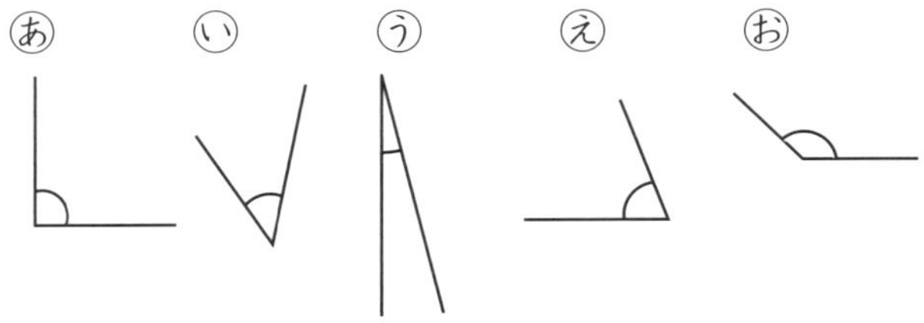

角の大きいじゅんにならべましょう。

□→□→□→□→□

5　次の三角形をかきましょう。(10×4)

(1)　辺の長さが3cm，3cm，5cmの二等辺三角形

(2)　1辺の長さが5cmの正三角形

(3)　下の円を使《つか》って二等辺三角形と正三角形をかきましょう。点アは，円の中心です。

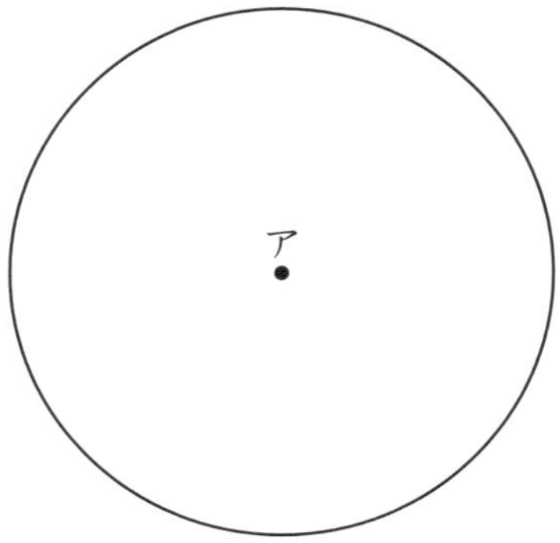

(A3 141%・B4 122%拡大)

月　日

三角形と角

名前

1　下の図のように三角じょうぎを２まいならべると，何という三角形ができますか。（10×2）

(1)

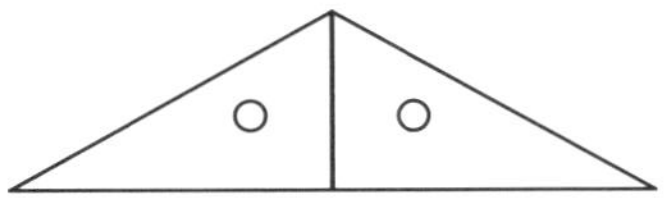

(2)

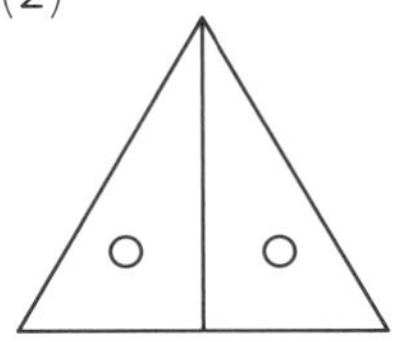

2　下の図のように，紙を半分におって点線のところで切って広げ，三角形を作ります。（10×3）

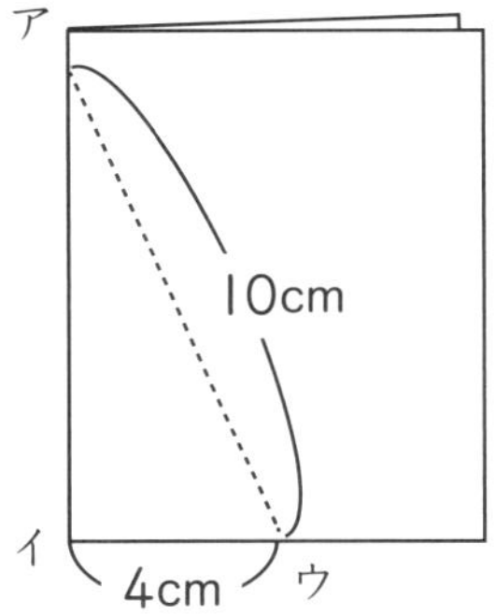

(1)　何という三角形ができますか。

(2)　アウの長さを何cmにすれば，正三角形《せいさんかくけい》になりますか。そのわけもせつ明しましょう。

□ cm

わけ

3　下の図は点アと点イを中心にした，半径《はんけい》4cmの２つの円です。円の中にあ，いの三角形をかきました。いの三角形の３つの辺は同じ長さになりました。

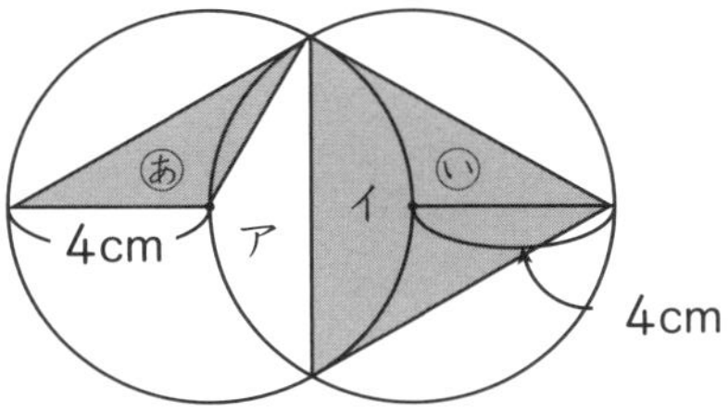

(1)　あは何という三角形ですか。
そのわけも書きましょう。（10×2）

わけ

(2)　いは何という三角形ですか。（10）

(3)　三角形いは，三角形あの何こ分になっていますか。（20）

□ こ分

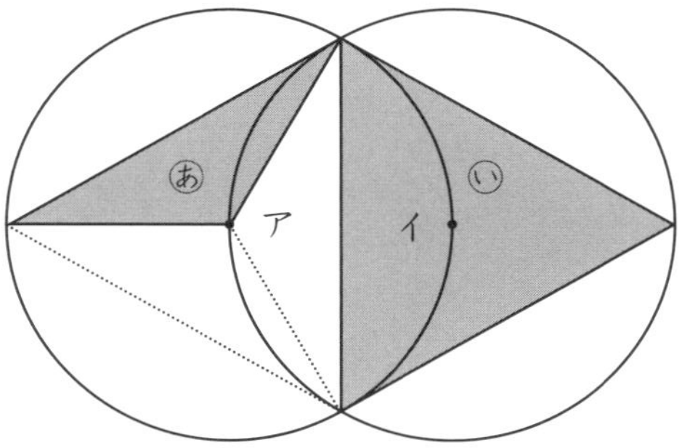

(A3 141%・B4 122%拡大)

月　日

ぼうグラフと表

名前

● 3年1組で，すきなおやつを調《しら》べました。

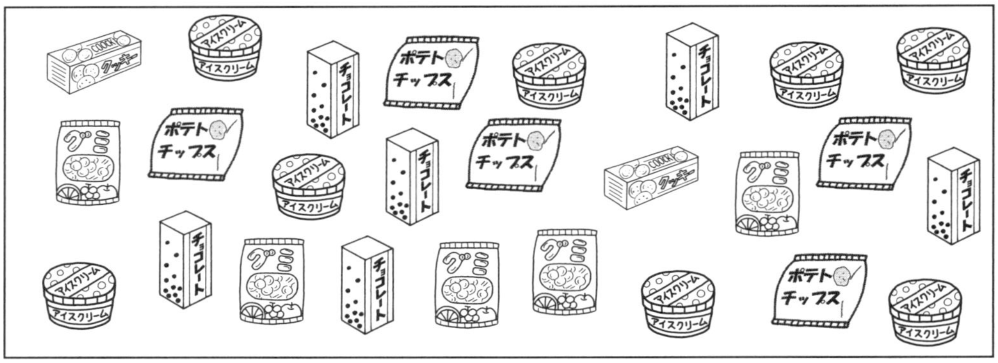

(1) 調べたことを下の表《ひょう》にまとめましょう。(10×5)

すきなおやつ調べ（3年1組）

おかし	クッキー	アイスクリーム	グミ	チョコレート	ポテトチップス
人数（人）					

(2) 上の表を下のグラフに表《あらわ》しましょう。
人数を○で表しましょう。(20)

すきなおやつ調べ（3年1組）

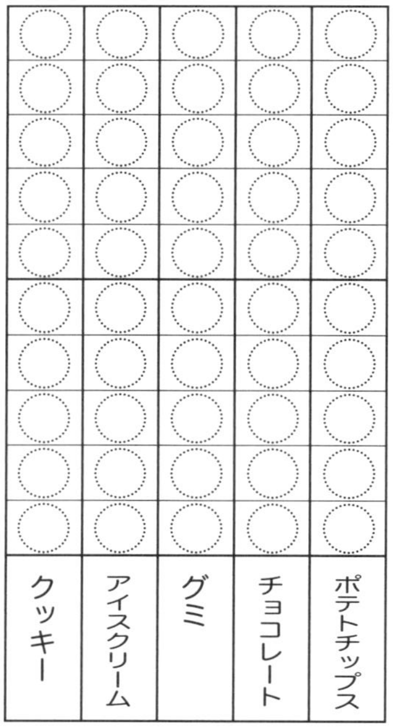

(3) いちばん多いのは何ですか。
また，何人ですか。(10)

人

(4) 2番目に多いのは何ですか。
また，何人ですか。(10)

人

(5) 何と何が同じ人数ですか。(10)

(A3 141%・B4 122%拡大)

知識技能 A　　月　日

ぼうグラフと表

名前

1 ３年生で育《そだ》てたいやさいを調《しら》べました。
下のぼうグラフを見て答えましょう。(5 × 8)

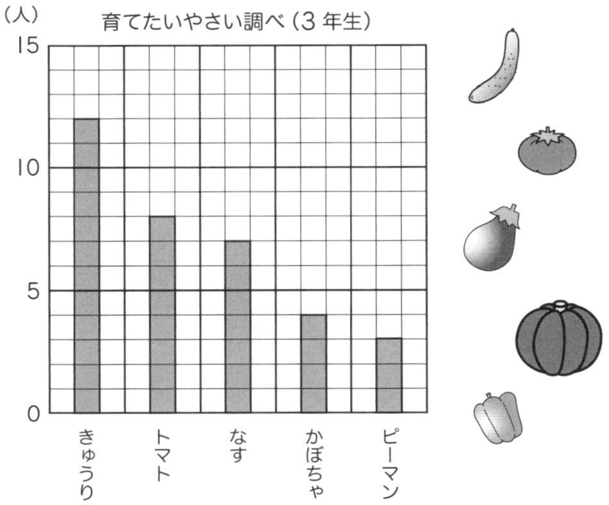

(1)　グラフの１目もりは何人ですか。

□ 人

(2)　育てたい人数がいちばん多いやさいは何ですか。また，何人ですか。

□

□ 人

(3)　育てたい人数が２番目に多いやさいは何ですか。また，何人ですか。

□

□ 人

(4)　育てたい人数がいちばん少ないやさいは何ですか。また，何人ですか。

□

□ 人

(5)　調べた人数は，全部《ぜんぶ》で何人ですか。

□ 人

2 下の表《ひょう》をぼうグラフに表《あらわ》しましょう。(5 × 4)

すきなきゅう食調べ

メニュー	人数（人）
カレーライス	16
からあげ	12
ハンバーグ	8
その他《た》	6
合　計	42

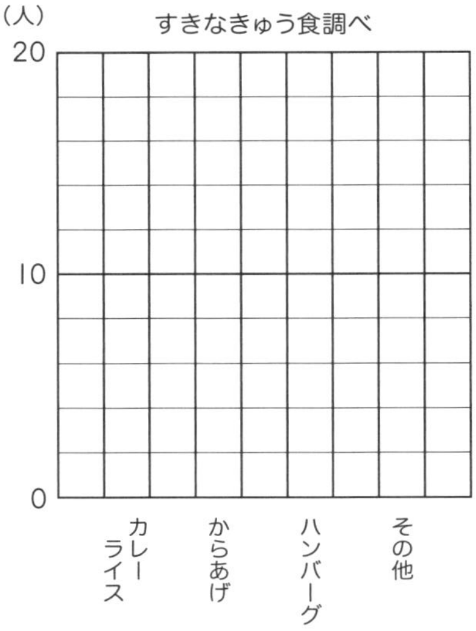

3 下の表をぼうグラフに表しましょう。

(様式 15，グラフ 5 × 5)

入る水のかさ

入れもの	かさ（dL）
ポット	16
ペットボトル	10
水とう	8
ビン	6
コップ	2

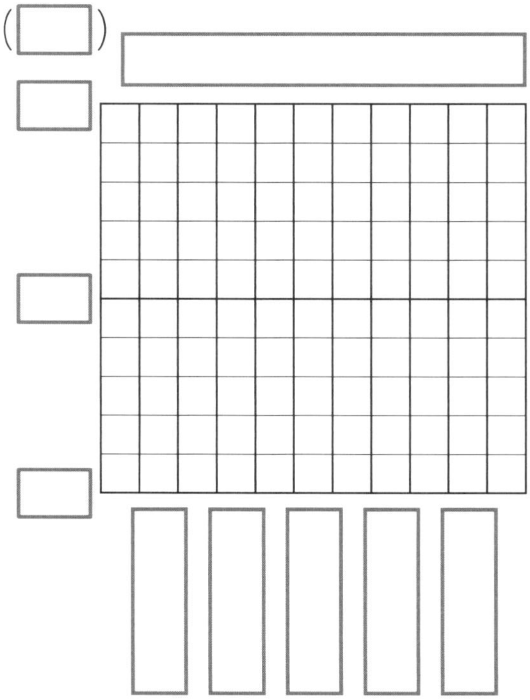

(A3 141%・B4 122%拡大)

月　日

ぼうグラフと表

名前

1　3年生の組ごとにすきな遊《あそ》びを調《しら》べました。

すきな遊び（1組）

遊び	人数(人)
けいどろ	11
ドッジビー	9
かくれんぼ	4
その他《た》	6
合　計	30

すきな遊び（2組）

遊び	人数(人)
けいどろ	10
ドッジビー	9
かくれんぼ	3
その他	8
合　計	30

すきな遊び（3組）

遊び	人数(人)
けいどろ	6
ドッジビー	14
かくれんぼ	6
その他	3
合　計	29

(1)　上の組ごとに表《あらわ》した3つの表《ひょう》を，1つの表に整理しましょう。(たてに5×4)

すきな遊び（3年生）

遊び ＼ 組	1組	2組	3組	合計（人）
けいどろ	㋐			
ドッジビー			㋑	
かくれんぼ				㋒
その他				
合　計				

(2)　上の表の㋐，㋑，㋒は，何を表していますか。(10×3)

㋐　□組で□の遊びがすきな人数

㋑　□組で□の遊びがすきな人数

㋒　3年生で□の遊びがすきな人数

(3)　3年生がいちばんすきな遊びは何ですか。(10)

□

2　下のぼうグラフは，3年生のすきなくだものを調べたものです。(10×4)

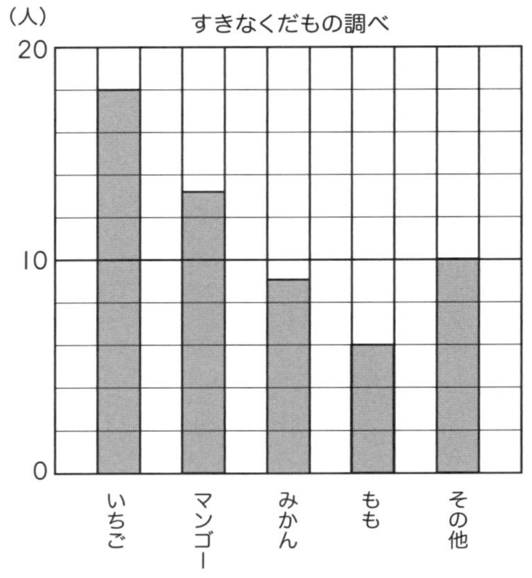

(1)　グラフの1目もりは，何人を表していますか。

□人

(2)　いちごがすきな人数は，マンゴーがすきな人数よりも何人多いですか。

□人

(3)　みかんがすきな人数の，2倍《ばい》の人数になっているくだものは何ですか。

□

(4)　いちごがすきな人数は，ももがすきな人数の何倍ですか。

□倍

(A3 141%・B4 122%拡大)

知識技能 B　　月　日

ぼうグラフと表

名前

1　図書室で本をかりた人数を学年べつに調《しら》べて，ぼうグラフに表《あらわ》しました。(4×4)

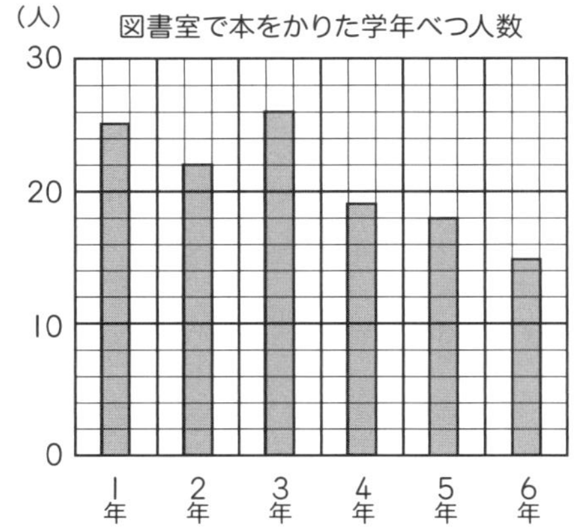

(1)　グラフの１目もりは，何人ですか。　□人

(2)　人数がいちばん多いのは何年生で，何人ですか。　□　□人

(3)　人数が２番目に多いのは何年生で，何人ですか。　□　□人

(4)　図書室で本をかりた人は，全部《ぜんぶ》で何人ですか。　□人

2　下のぼうグラフの１目もりが表している大きさは，何人ですか。また，グラフが表しているのは何人ですか。(4×4)

(1)

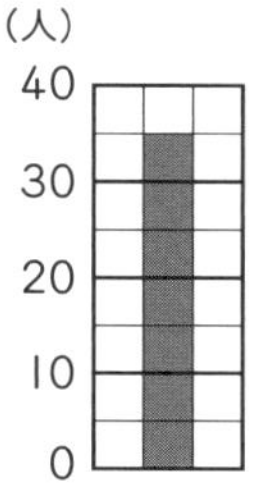

１目もり　□人

グラフは　□人

(2)

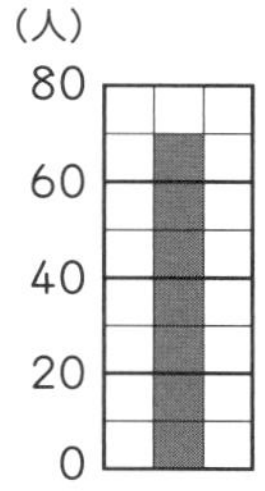

１目もり　□人

グラフは　□人

3　すきな動物《どうぶつ》を調べて，表《ひょう》にまとめました。

すきな動物調べ

動物名	パンダ	コアラ	さる	ぞう	ライオン	その他《た》	合　計
人数（人）	18	12	17	13	9	11	80

(1)　題名《だいめい》やたての目もりを書きましょう。(4)

(2)　人数が多いじゅんに，左から動物の名前を書きましょう。(4)

(3)　ぼうグラフをしあげましょう。(4×6項目)

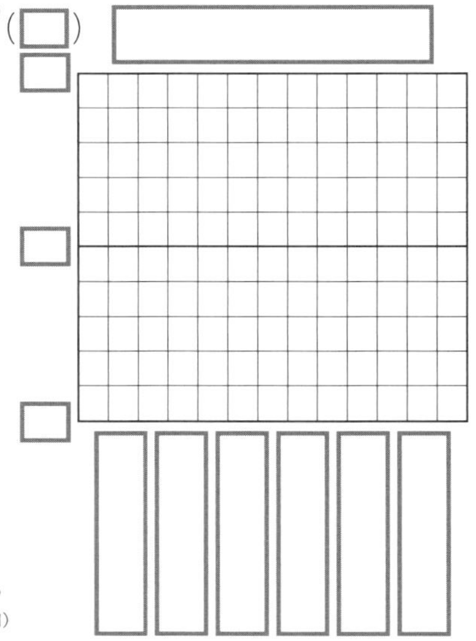

4　おかしのねだんを調べて，表にまとめました。

おかしのねだん

おかし	グミ	クッキー	ガム	あめ	せんべい	ジュース	チョコレート
ねだん（円）	40	140	60	90	100	120	130

(1)　題名やたての目もりを書きましょう。(4)

(2)　ねだんが高いじゅんに，左からおかしの名前を書きましょう。(4)

(3)　ぼうグラフをしあげましょう。(4×7項目)

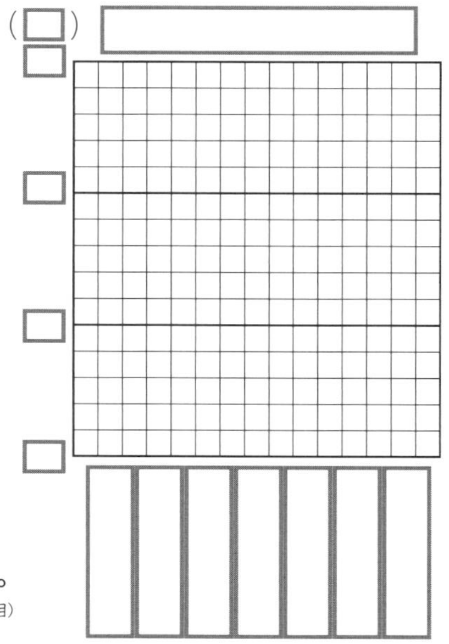

(A3 141%・B4 122%拡大)

ぼうグラフと表

名前

1　学校の５月，６月，７月のけがのしゅるいと人数を調《しら》べました。

けがのしゅるいと人数

けが＼月	5月	6月	7月	合計（人）
すりきず	9 ㋐	（　　）	7	24
切りきず	6	9 ㋑	5	（　　）
打《だ》ぼく	（　　）	13	10 ㋒	28
その他《た》	7	5	（　　）	20 ㋓
合計（人）	27 ㋔	（　　）	30	92

(1)　上の表《ひょう》の（　　）にあてはまる数を書きましょう。(5 × 5)

(2)　㋐～㋔は，それぞれ何を表《あらわ》していますか。(5 × 5)

㋐ □ 月に □ のけがをした人数

㋑ □ 月に □ のけがをした人数

㋒ □ 月に □ のけがをした人数

㋓ ５月～７月に □ のけがをした人数の合計

㋔ □ 月にけがをした人数の合計

(3)　５月～７月で，いちばん多いけがは何でしたか。(5)

□

(4)　５月～７月で，けががいちばん多かったのは何月ですか。(5)

□

(5)　５月～７月で，けがをしたのは全部《ぜんぶ》で何人ですか。(5)

□

2　下のぼうグラフは，３年生のすきなスポーツを調べたものです。(5 × 7)

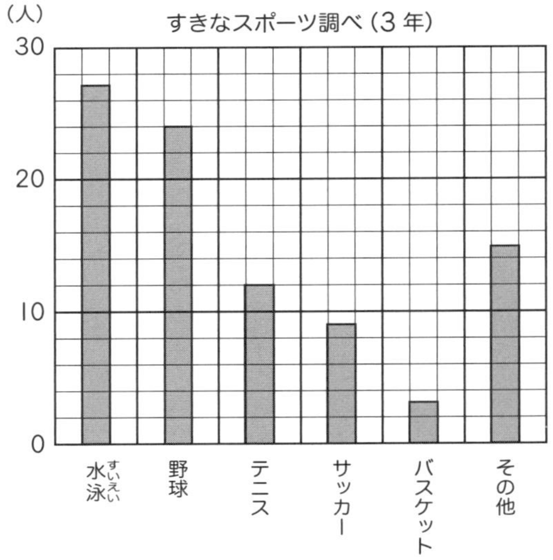

(1)　グラフの１目もりは，何人を表していますか。

□ 人

(2)　水泳がすきな人数は，野球がすきな人数よりも何人多いですか。

□ 人

(3)　テニスがすきな人数の，２倍《ばい》になっているのは何がすきな人数ですか。

□

(4)　水泳がすきな人数は，サッカーがすきな人数の何倍ですか。

□ 倍

(5)　サッカーがすきな人数は，バスケットがすきな人数の何倍ですか。

□ 倍

(6)　テニスがすきな人数は，バスケットがすきな人数の何倍ですか。

□ 倍

(7)　「すきなスポーツ」を調べた人数は，全部で何人ですか。

□ 人

(A3 141%・B4 122%拡大)

月　日

学年のまとめ　～数と計算～

名前

1 たし算とひき算を筆算《ひっさん》でしましょう。(5×4)

(1) 378 + 496

(2) 564 + 728

(3) 613 − 579

(4) 902 − 84

2 わり算をしてたしかめ算もしましょう。(5×4)

(1) 54 ÷ 9

たしかめ

(2) 56 ÷ 8

たしかめ

(3) 20 ÷ 3

たしかめ

(4) 51 ÷ 6

たしかめ

3 小数のたし算を筆算でしましょう。(5×2)

(1) 9.5 + 7.6

(2) 2 + 3.4

4 小数のひき算を筆算でしましょう。(5×2)

(1) 10.7 − 6.7

(2) 7 − 6.2

5 次《つぎ》のかけ算を筆算でしましょう。(5×4)

(1) 48 × 6

(2) 508 × 7

(3) 54 × 83

(4) 38 × 96

6 分数のたし算とひき算をしましょう。(5×4)

(1) $\frac{2}{7} + \frac{4}{7}$

(2) $\frac{3}{4} + \frac{1}{4}$

(3) $\frac{7}{9} - \frac{5}{9}$

(4) $1 - \frac{2}{5}$

(A3 141%・B4 122%拡大)

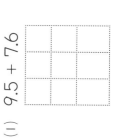

月　日

学年のまとめ ～数と計算～

名前

1 わり算をしてたしかめ算もしましょう。(4 × 5)

(1) 63 ÷ 7
たしかめ

(2) 48 ÷ 8
たしかめ

(3) 17 ÷ 3
たしかめ

(4) 40 ÷ 9
たしかめ

(5) 52 ÷ 6
たしかめ

2 たし算とひき算を筆算《ひっさん》でしましょう。(4 × 4)

(1) 87 + 719

(2) 896 + 523

(3) 546 − 497

(4) 801 − 93

3 分数のたし算とひき算をしましょう。(5 × 4)

(1) $\frac{5}{9} + \frac{4}{9}$

(2) $\frac{2}{11} + \frac{6}{11}$

(3) $\frac{5}{7} - \frac{4}{7}$

(4) $1 - \frac{5}{6}$

4 小数のたし算とひき算を筆算でしましょう。(4 × 5)

(1) 4.6 + 5.4

(2) 12 + 1.2

(3) 8.6 − 7.9

(4) 5.4 − 4

(5) 10 − 3.6

5 次《つぎ》のかけ算を筆算でしましょう。(4 × 6)

(1) 78 × 4

(2) 876 × 8

(3) 37 × 96

(4) 64 × 25

(5) 234 × 56

(6) 125 × 84

(A3 141%・B4 122%拡大)

月　日

学年のまとめ　～図形と測定～

名前

1　□にあてはまる言葉《ことば》や数を書きましょう。(5×4)

(1)　ア，イ，ウは，それぞれ円の何といいますか。

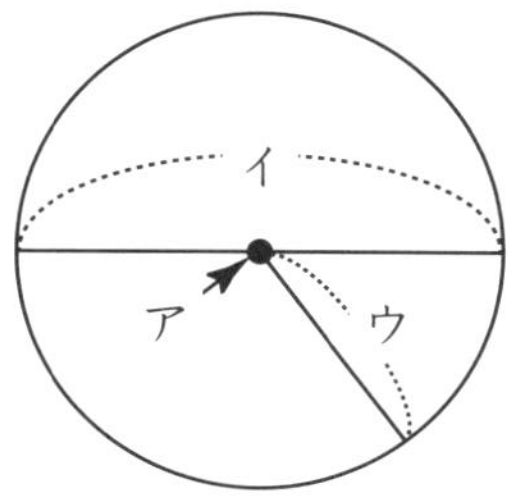

ア □

イ □

ウ □

(2)　イ の長さが 6cm のとき，ウの長さは何 cm ですか。

□ cm

2　まきじゃくの↓がさしている目もりを読みましょう。(5×4)

(1) □　(2) □

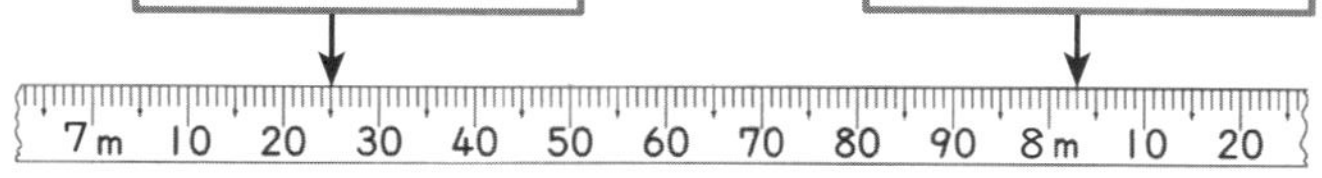

(3) □　(4) □

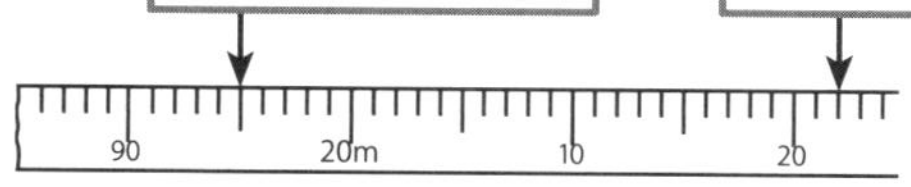

3　下のはかりを見て答えましょう。(5×3)

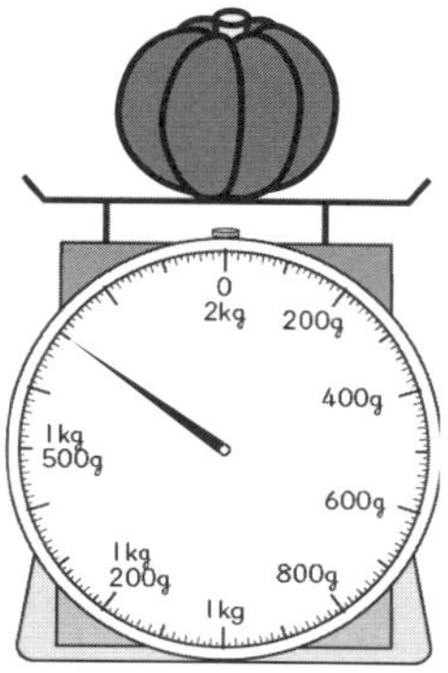

(1)　このはかりは，何 kg まではかれますか。

□

(2)　いちばん小さい 1 目もりは，何 g を表《あらわ》していますか。

□

(3)　かぼちゃの重《おも》さは，何 kg 何 g ですか。

□

4　□にあてはまる数を書きましょう。(5×3)

(1)　1600m = □ km □ m

(2)　1kg = □ g

(3)　1t = □ kg

5　□にあてはまるたんいを書きましょう。(5×2)

(1)　遠足で歩く道のり　4 □

(2)　1 円玉の重さ　1 □

6　次《つぎ》の円や三角形をかきましょう。(10×2)

(1)　直径《ちょっけい》 4cm の円

(2)　辺《へん》の長さが 3cm，5cm，5cm の二等辺三角形《にとうへんさんかくけい》

(A3 141%・B4 122%拡大)

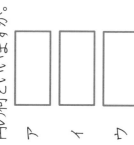

月　日

学年のまとめ　～文章題～

名前

□1　42人が7チームに分かれてリレーをします。1チームの人数は，何人になりますか。(10×2)

式《しき》

答え

□2　畑《はたけ》でとれた51本のきゅうりを，6本ずつふくろに入れます。
　何ふくろできて，きゅうりは何本あまりますか。(10×2)

式

答え

□3　おり紙を1人あたり48まいずつ，28人にくばります。
　おり紙は，何まいあればいいですか。(10×2)

式

答え

□4　400gの箱《はこ》にみかんを入れて重《おも》さをはかると，ちょうど5kgでした。
　入れたみかんの重さは，どれだけですか。(10×2)

式

答え

□5　駅《えき》について時計を見ると，10時15分でした。
　家から駅まで30分間かかりました。

(1)　何時何分に家を出ましたか。(10)

(2)　10時30分発の電車に乗《の》って，目てきの駅に着くのは，11時5分になるそうです。
　電車に乗っている時間は，何分間になりますか。(10)

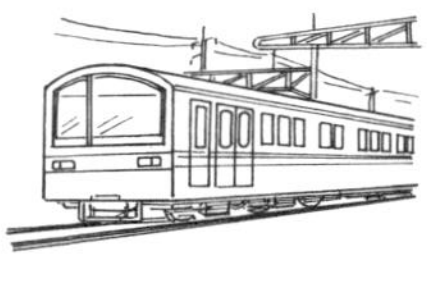

(A3 141%・B4 122%拡大)

月　日

学年のまとめ　～文章題～

名前

1 買い物《もの》をして598円使《つか》うと，302円残りました。はじめに何円もっていましたか。(5×2)

式《しき》

答え

2 花が32本あります。7本で1たばにします。7本の花たばは，何たばできますか。(5×2)

式

答え

3 85cmのテープを28本作ります。テープは，全部《ぜんぶ》で何m何cmいりますか。(5×2)

式

答え

4 大きい水とうには2L，小さい水とうには1.2Lお茶が入ります。大きい水とうの方が，何L多く入りますか。(5×2)

式

答え

5 ふみやさんの家から公園までの道のりは，何km何mですか。(5×2)

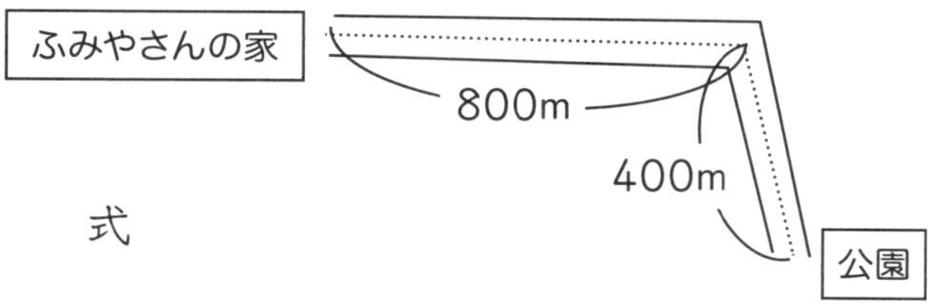

式

答え

6 リボンが1mありました。ここなさんは，工作に$\frac{3}{7}$m使いました。しゅんやさんも$\frac{2}{7}$m使いました。のこりは何mですか。(5×2)

式

答え

7 体重《たいじゅう》が27kgのかおるさんが，ねこをだっこして体重計ではかったら，32kg400gでした。ねこの体重は，何kg何gですか。(5×2)

式

答え

8 70このいちごを，8人で同じ数ずつ分けます。1人分は何こで，何こあまりますか。(5×2)

式

答え

9 42人います。長いす1きゃくに，5人ずつすわります。長いすが何きゃくあれば，全員《ぜんいん》がすわれますか。(5×2)

式

答え

10 きのうは1時間20分野球《やきゅう》の練習《れんしゅう》をしました。今日は50分しました。合わせると何時間何分練習しましたか。(5×2)

式

答え

(A3 141%・B4 122%拡大)

解答

児童に実施させる前に，必ず指導される方が問題を解いてください。本書の解答は，あくまでも１つの例です。指導される方の作られた解答をもとに，本書の解答例を参考に児童の多様な考えに寄り添って○つけをお願いします。

P2

学習準備　かけ算

1 計算をしましょう。

(1) 2×6 12	2×7 14	2×8 16	2×5 10	2×3 6	2×1 2
(2) 5×4 20	5×9 45	5×7 35	5×6 30	5×8 40	5×3 15
(3) 3×8 24	3×7 21	3×9 27	3×6 18	3×4 12	3×5 15
(4) 4×7 28	4×8 32	4×9 36	4×6 24	4×3 12	4×2 8
(5) 9×6 54	9×7 63	9×8 72	9×5 45	9×4 36	9×3 27
(6) 8×9 72	8×6 48	8×4 32	8×3 24	8×7 56	8×2 16
(7) 6×8 48	6×7 42	6×9 54	6×4 24	6×3 18	6×1 6
(8) 7×6 42	7×4 28	7×8 56	7×9 63	7×3 21	7×5 35

2 絵を見て，式と答えを書きましょう。

(1) 金魚は全部で何ひきですか。　3×4＝12　答え 12ひき

(2) トンボの羽は，全部で何まいですか。　4×5＝20　答え 20まい

(3) たこやきは，全部で何こですか。　6×7＝42　答え 42こ

(4) ★の数は，全部で何こですか。　3×5＝15 (5×3) も可　答え 15こ

3 あめが９こ入っている箱が，７箱あります。あめは，全部で何こありますか。
式 9×7＝63　答え 63こ

4 3週間は，全部で何日ですか。
式 7×3＝21　答え 21日

P3

知識技能 A　かけ算

1 下の表は，とく点ゲームのけっかです。

点数	3点	2点	1点	0点	合計
回数	0回	4回	2回	4回	10回
とく点	あ	8点	2点	い	う

(1) 3点は0回でした。あの点数をもとめましょう。　式 3×0＝0　答え 0点

(2) 0点は4回でした。いの点数をもとめましょう。　式 0×4＝0　答え 0点

(3) とく点の合計うをもとめましょう。　式 0＋8＋2＋0＝10　答え 10点

2 □にあてはまる数を書きましょう。

(1) 4×5＝20　(2) 6×7＝42　(3) 8×3＝24　(4) 4×7＝28

3 かけ算をしましょう。

(1) 10×5 50　(2) 4×10 40　(3) 6×0 0　(4) 0×8 0　(5) 0×0 0

4 □にあてはまる数を書きましょう。

(1) 5×4の答えは5×3よりも 5 大きい。

(2) 6×4の答えは6×5よりも 6 小さい。

(3) 3×6＝3×5＋3

(4) 7×3＝7×2＋7

(5) 4×6＝4×7－4

P4

思考判断表現 A　かけ算

1 1かごにみかんが5こずつ入っています。それが10かごあると，みかんは全部で何こになりますか。
式 5×10＝50　答え 50こ

2 1箱にキャラメルが10こずつ入っています。その箱が7箱あると，キャラメルは全部で何こになりますか。
式 10×7＝70　答え 70こ

3 1まい6円のレジぶくろを10まい買うと，何円になりますか。
式 6×10＝60　答え 60円

4 ★は，何こありますか。右の図のように，㋐と㋑に分けて考えます。それぞれの式を書いてもとめましょう。

(1) ㋐の★の数は，何こ
式 6×4＝24 (4×6＝24)　答え 24こ

(2) ㋑ 8×4＝32 (4×8＝32)　答え 32こ

(3) ㋐と㋑の★の数を合わせると，全部で何こになりますか。
式 24＋32＝56　答え 56こ

(4) このようなもとめ方は，かけ算のどちらのきまりを使ったものですか。（　）に○をつけましょう。

（○）かけ算はかけられる数やかける数を分けて計算しても，合わせれば，答えは同じになる。

（　）かけ算はかける数とかけられる数を入れかえて計算しても，答えは同じになる。

P5

知識技能 B　かけ算

1 下の表は，とく点ゲームのけっかです。

点数（点）	3	2	1	0	合計
回数（回）	0	5	2	3	10
とく点（点）	あ	10	2	い	う

(1) 3点は0回でした。あの点数をもとめましょう。　式 3×0＝0　答え 0点

(2) 0点は3回でした。いの点数をもとめましょう。　式 0×3＝0　答え 0点

(3) とく点の合計うをもとめましょう。　0＋10＋2＋0＝12　答え 12点

2 □にあてはまる数を書きましょう。

(1) 7×5の答えは，7×4よりも 7 大きい。

(2) 4×7の答えは，4×8よりも 4 小さい。

(3) 5×8＝5×7＋5

(4) 8×6＝8×5＋8

(5) 6×6＝6×7－6

(6) 9×5＝9×6－9

3 かけ算をしましょう。

(1) 10×6 60　(2) 7×10 70　(3) 0×3 0　(4) 15×0 0　(5) 0×0 0

4 □にあてはまる数を書きましょう。

(1) 4×7＝28　(2) 6×8＝48　(3) 5×3＝15　(4) 6×9＝54

(5) 14×5　4×5＝20　10×5＝50　合わせて 70

(6) 6×12　6×5＝30　6×7＝42　合わせて 72

P6

思考判断表現 B　かけ算

1 5×10の答えをもとめます。りなさん，さおりさん，しょうごさんが書いた式は，どのようなかけ算のきまりを使いましたか。下からえらんで，記号を書きましょう。

りなさん　5×9＋5＝50　ウ

さおりさん　5×6＝30　5×4＝20　30＋20＝50　イ

しょうごさん　10×5＝50　ア

ア　かける数とかけられる数を入れかえて計算しても答えは同じ。
イ　かける数を分けて計算しても答えは同じ。
ウ　かける数が１ふえると，答えはかけられる数だけ大きくなる。

2 1ふくろにミニトマトを10こずつ入れます。8ふくろ作るには，ミニトマトは何こいりますか。
式 10×8＝80　答え 80こ

3 1人に7まいずつ，10人におり紙をくばります。おり紙は何まいいりますか。
式 7×10＝70　答え 70まい

4 10円玉が10まいで，何円になりますか。
式 10×10＝100　答え 100円

5 10円のあめを9こ買って500円をはらうと，おつりは，何円になりますか。
式 10×9＝90　500－90＝410　答え 410円

6 10まい入りのガムを4こと，6まい入りのガムを3こ買いました。ガムは，全部で何まいですか。
式 10×4＝40　6×3＝18　40＋18＝58　答え 58まい

7 ■の数をもとめましょう。
(解答例)
10×5＝50
5×5＝25
50＋25＝75
答え 75こ

考え方のせつ明
(解答例)
たての15こを10こと5こに分けて，それぞれに5をかける。そして，その2つの答えを合わせる。

P7

学習準備　時こくと時間

1 □にあてはまる数を書きましょう。

(1) 1日＝24時間　(2) 1時間＝60分

(3) 午前は12時間　午後は12時間

(4) 1時間20分＝80分　(5) 90分＝1時間30分

2 □にあてはまる言葉を書きましょう。
正午　午前　午後

3 時計を見て，時こくを書きましょう。

(1) 1時間前 9時40分　1時間後 11時40分　30分前 10時10分　30分後 11時10分

(2) 1時間前 6時10分　1時間後 8時10分　30分前 6時40分　30分後 7時40分

4 2つの時計の時こくを読み，その時間も答えましょう。

(1) 遊び始めた時こく 3時40分　50分間　遊びをやめた時こく 4時30分

(2) 学校へ行く時こく 午前8時　7時間　家へ帰った時こく 午後3時

P8

知識技能 A　時こくと時間

1 □にあてはまる時間の単位（秒，分，時）を書きましょう。

(1) 学校きゅう食の時間 30分間

(2) 夜にねている時間 8時間

(3) 50mを走った時間 9秒間

(4) 時計の短いはりが1しゅうする時間 12時間

2 □にあてはまる数を書きましょう。

(1) 1分＝60秒

(2) 1分30秒＝90秒

(3) 80秒＝1分20秒

(4) 100秒＝1分40秒

3 時間の長い方に○をつけましょう。

(1) （○）115秒・（　）1分45秒

(2) （　）3分・（○）300秒

4 時計を見て，次の時こくを答えましょう。

(1) 40分後の時こく 2時10分

(2) 50分後の時こく 8時10分

(3) 40分後の時こく 5時30分

(4) 40分前の時こく 5時40分

(5) 40分前の時こく 9時30分

5 時計を見て，何分間たっているかを答えましょう。

(1) 50分間　(2) 40分間　(3) 25分間

6 35分と40分を合わせた時間を，2つの言い方で答えましょう。
75分間　1時間15分

P9

思考判断表現 A　時こくと時間

1 買い物をするお店まで50分かかります。午後1時40分に出ると，お店には何時何分に着きますか。午後2時を区切りにして考えましょう。

(1) 午後1時40分から午後2時までの時間は，何分間ですか。　答え 20分間

(2) 午後2時からは，後何分間かかりますか。　答え 30分間

(3) 午後何時何分に着きますか。　答え 午後2時30分

2 たいがさんは，午後1時45分から午後2時25分まで走りました。たいがさんは，何分間走っていましたか。午後2時を区切りにして考えましょう。

(1) 午後1時45分から午後2時までの時間は，何分間ですか。　答え 15分間

(2) たいがさんが走ったのは，何分間ですか。　答え 40分間

3 午前7時50分に家を出て，駅へ向かいました。駅には午前8時15分に着きました。何分間で駅に着きましたか。午前8時を区切りにして考えましょう。

(1) 午前7時50分から午前8時までの時間は，何分間ですか。　答え 10分間

(2) 午前8時から何分間かかっていますか。　答え 15分間

(3) 家から駅まで何分間かかりましたか。　答え 25分間

4 サイクリングをします。目てき地まで1時間40分かかります。午前9時10分にスタートすると，午前何時何分に目てき地に着きますか。1時間40分を1時間と40分に分けて考えましょう。

(1) 午前9時10分の1時間後は，午前何時何分ですか。　午前10時10分

(2) 午前何時何分に着きますか。　午前10時50分

P10

知識技能 B　時こくと時間

1 □にあてはまる時間の単位（秒，分，時）を書きましょう。

(1) 学校のそうじの時間 15分間

(2) 学校にいる時間 7時間

(3) 25mを泳いだ時間 31秒間

2 □にあてはまる数を書きましょう。

(1) 1分＝60秒

(2) 1分15秒＝75秒

(3) 80秒＝1分20秒

(4) 95秒＝1分35秒

(5) 150秒＝2分30秒

3 次の時間を，短いじゅんに記号で書きましょう。

(1) ㋐1分20秒　㋑100秒　㋒2分　㋐→㋑→㋒

(2) ㋐115秒　㋑2分5秒　㋒1分50秒　㋒→㋐→㋑

4 次の時間を，2つの言い方で答えましょう。

(1) 80分と20分を合わせた時間　100分間　1時間40分

(2) 1時間50分と40分を合わせた時間　150分間　2時間30分

5 時計を見て，次の時こくをもとめましょう。

(1) 40分後の時こく 5時30分

(2) 45分後の時こく 4時5分

(3) 50分後の時こく 8時10分

(4) 40分前の時こく 7時35分

(5) 45分前の時こく 8時25分

6 時計を見て，何分間たっているかをもとめましょう。

(1) 40分間　(2) 50分間　(3) 20分間　(4) 35分間　(5) 40分間

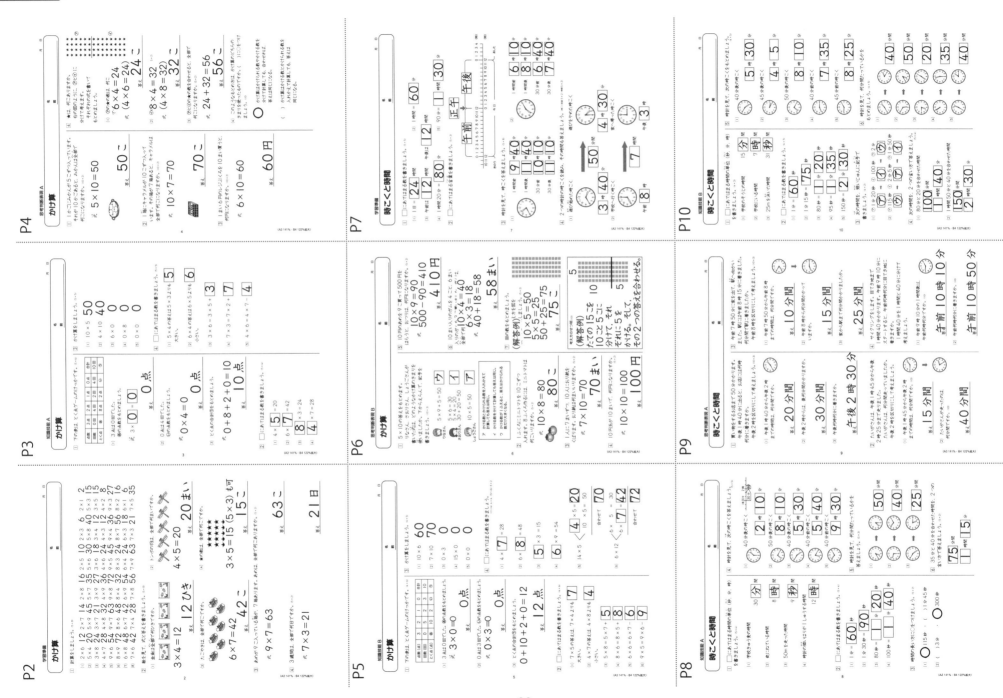

児童に実施させる前に，必ず指導される方が問題を解いてください。本書の解答は，あくまでも１つの例です。指導される方の作られた解答をもとに，本書の解答例を参考に児童の多様な考えに寄り添って○つけをお願いします。

解答

P11

思考判断表現 B

時こくと時間

名前　　　月　日

1 なぎさんは，前半の50mはクロールで52秒で泳ぎ，後半の50mは平泳ぎで55秒泳ぎました。合わせて何秒間になりますか。また，それは何分何秒間ですか。

式 52＋55＝107

答え 107秒間　1分47秒間

2 鉄ぼうでぶら下がりきょうそうをしました。みおさんは2分，けいたさんは58秒でした。みおさんの方が何秒間長くできましたか。また，それは何分何秒間ですか。

式 120－58＝62

答え 62秒間　1分2秒間

3 ハイキングに行きました。行きは1時間20分歩きました。帰りは45分歩きました。行きと帰りで合わせて何分間歩きましたか。また，それは何時間何分間ですか。

式 80＋45＝125

答え 125分間　2時間5分間

4 午前10時45分に家を出てえい画館へ向かいました。えい画館には午前11時10分に着きました。何分間かかりましたか。

答え 25分間

5 午後2時25分から午後3時5分まで電車に乗っていました。電車に乗っていたのは，何分間ですか。

答え 40分間

6 家から公園までは25分間かかります。公園で，午前10時15分から遊ぶやくそくをしました。午前何時何分に家を出れば，間に合いますか。午前10時を区切りにして考えましょう。

(1) 10時からは15分前です。10時何分前に家を出ればいいですか。

答え 10分前

(2) 午前何時何分に家を出れば間に合いますか。

答え 午前9時50分

7 山登りに出かけます。ちょうど上まで，1時間20分かかります。午前11時45分には，ちょう上につきたいと思います。午前何時何分に出発すればいいですか。1時間20分を1時間と20分に分けて考えましょう。

(1) 午前11時45分の1時間前は，午前何時何分ですか。

答え 午前10時45分

(2) 午前何時何分に出発すればいいですか。

答え 午前10時25分

P12

学習準備

わり算

名前　　　月　日

1 □にあてはまる数を書きましょう。

(1) 2×6＝12　(2) 5×4＝20　(3) 3×8＝24
(4) 4×6＝24　(5) 9×6＝54　(6) 8×5＝40
(7) 6×3＝18　(8) 7×6＝42
(9) 9×2＝18　(10) 7×5＝35　(11) 4×4＝16
(12) 5×3＝15　(13) 6×6＝36　(14) 8×7＝56
(15) 6×8＝48　(16) 4×9＝36

2 8この□を，4人に同じ数ずつ分けます。1人分は，何こになりますか。図をかいて答えましょう。

答え 2こ

3 12この□を，3人に同じ数ずつ分けます。1人分は，何こになりますか。図をかいて答えましょう。

答え 4こ

P13

知識技能 A

わり算

名前　　　月　日

1 図を見て，答えましょう。

(1) 12このみかんを，4人で同じ数ずつ分けます。1人に何こずつ分けることができますか。

① 上の問題文どおりに分けているのは，図の㋐，㋑，㋒のどれですか。 ㋒

② 式と答えを書きましょう。

式 12÷4＝3

答え 3こ

(2) 12このみかんを，1人に4こずつ分けます。何人に分けることができますか。

① 上の問題文どおりに分けているのは，図の㋐，㋑，㋒のどれですか。 ㋑

② 式と答えを書きましょう。

式 12÷4＝3

答え 3人

2 次のわり算の答えをもとめるには，何のだんの九九を使えばいいですか。

(1) 10÷5　5のだん
(2) 42÷6　6のだん
(3) 72÷8　8のだん

3 わり算をしましょう。

(1) 8÷2　4
(2) 32÷4　8
(3) 21÷3　7
(4) 16÷8　2
(5) 20÷5　4
(6) 18÷6　3
(7) 42÷7　6
(8) 63÷9　7

4 わり算をしましょう。

(1) 6÷6　1
(2) 5÷1　5
(3) 0÷4　0

P14

思考判断表現 A

わり算

名前　　　月　日

1 24このあめを6さらに分けます。1さらは，何こずつになりますか。

式 24÷6＝4

答え 4こ

2 24本のきゅうりを3本ずつふくろに入れると，何ふくろできますか。

式 24÷3＝8

答え 8ふくろ

3 63mのロープを7mずつに切ります。7mのロープは，何本できますか。

式 63÷7＝9

答え 9本

4 54人をグループに分けます。

(1) 54人を6人ずつのグループにすると，グループは何組できますか。

式 54÷6＝9

答え 9組

(2) 54人を6組のグループにすると，1グループは何人ずつになりますか。

式 54÷6＝9

答え 9人

チャレンジ問題

15÷5の式になる問題文のつづきを書きましょう。

15このももを，5人に同じ数ずつ分けます。
1人分は，何こになりますか。

P15

知識技能 B

わり算

名前　　　月　日

1 箱に入っているキャラメルを，同じ数ずつ3人に分けます。1人分は，何こになりますか。

(1) 箱の中にキャラメルが12このとき

式 12÷3＝4

答え 4こ

(2) 箱の中にキャラメルが6このとき

式 6÷3＝2

答え 2こ

(3) 箱の中にキャラメルが3このとき

式 3÷3＝1

答え 1こ

(4) 箱の中にキャラメルが0このとき

式 0÷3＝0

答え 0こ

2 いちごが8こあります。

(1) 8このいちごを4人で同じ数ずつ分けると，1人分は何こになりますか。

式 8÷4＝2

答え 2こ

(2) 8このいちごを1人に4こずつ分けると，何人に分けられますか。

式 8÷4＝2

答え 2人

3 わり算をしましょう。

(1) 12÷2　6
(2) 24÷4　6
(3) 24÷3　8
(4) 32÷8　4
(5) 45÷5　9
(6) 36÷6　6
(7) 21÷7　3
(8) 81÷9　9
(9) 48÷6　8
(10) 56÷7　8

4 わり算をしましょう。

(1) 4÷4　1
(2) 7÷1　7
(3) 0÷3　0

P16

思考判断表現 B

わり算

名前　　　月　日

1 27まいのクッキーを，3人で分けます。1人分は，何まいずつになりますか。

式 27÷3＝9

答え 9まい

2 30このびわを，6こずつパックに入れます。何パックできますか。

式 30÷6＝5

答え 5パック

3 ジュースが18dLあります。1人が2dLずつ飲みます。何人が飲めますか。

式 18÷2＝9

答え 9人

4 リボンが28cmあります。同じ長さで4本に切ると，1本は何cmになりますか。

式 28÷4＝7

答え 7cm

5 3年生は，全部で42人います。

(1) 7人ずつにすると，何グループできますか。

式 42÷7＝6

答え 6グループ

(2) 7グループに分かれると，何人ずつになりますか。

式 42÷7＝6

答え 6人

6 40このあめを，5人で分けました。けんさんは，くばられたあめを2こ食べました。けんさんのあめは何こになりましたか。

式 40÷5＝8
8－2＝6

答え 6こ

7 ななさんのクラスは29人ですが，1人お休みしています。体育の時間に，4つのチームに分かれることにしました。1チーム何人になりますか。

式 29－1＝28
28÷4＝7

答え 7人

8 色紙を8まいと20円のカードを買うと，84円でした。色紙1まいは何円ですか。

式 84－20＝64
64÷8＝8

答え 8円

9 18÷6の式になる問題文のつづきを，2つ書きましょう。

(1) 18このたまごを6人で同じ数ずつ分けます。
1人分は，何こになりますか。

(2) 18このたまごを1人に6こずつ分けます。
何人に分けることができますか。

P17

学習準備

たし算・ひき算の筆算

名前　　　月　日

1 次の計算を筆算でしましょう。

(1) 75＋53＝128
(2) 60＋87＝147
(3) 95＋68＝163
(4) 7＋96＝103
(5) 466＋29＝495
(6) 151＋29＝180
(7) 5＋305＝310
(8) 92－58＝34
(9) 152－74＝78
(10) 104－76＝28
(11) 100－29＝71
(12) 460－37＝423
(13) 174－29＝145
(14) 240－36＝204

2 ひびきさんは，どんぐりを67こ拾いました。あやのさんは，72こ拾いました。

(1) ひびきさんとあやのさんが拾ったどんぐりを合わせると，何こになりますか。

式 67＋72＝139

答え 139こ

(2) どちらが何こ多く拾いましたか。

式 72－67＝5

答え あやのさんの方が5こ多い。

3 赤とピンクのバラを合わせて100本買いました。そのうち，赤のばらは56本です。ピンクのばらは，何本ですか。

式 100－56＝44

答え 44本

P18

知識技能 A

たし算・ひき算の筆算

名前　　　月　日

1 372＋456の計算をします。□にあてはまる数を書きましょう。

一の位の計算　2＋6＝8

十の位の計算　7＋5＝12　百の位に1くり上がる

百の位の計算　くり上げた1もあわせる　1＋3＋4＝8

答えは828です。

2 826－352の計算をします。□にあてはまる数を書きましょう。

一の位の計算　6－2＝4

十の位の計算　2－5はできないので，百の位から1くり下げる　12－5＝7

百の位の計算　1くり下げたので　7－3＝4

答えは474です。

3 計算をしましょう。

(1) 425＋364＝789
(2) 278＋465＝743
(3) 872－354＝518
(4) 525－296＝229

4 次の計算を筆算でしましょう。

(1) 368＋194＝562
(2) 508＋72＝580
(3) 572＋928＝1500
(4) 4308＋2675＝6983
(5) 721－506＝215
(6) 615－576＝39
(7) 902－84＝818
(8) 7250－6319＝931

P19

思考判断表現 A

たし算・ひき算の筆算

名前　　　月　日

1 山野小学校には，男子が278人，女子が304人います。

(1) 男子と女子を合わせると何人ですか。

式 278＋304＝582

答え 582人

(2) 女子は男子よりも何人多いですか。

式 304－278＝26

答え 26人

2 牛にゅうが500mLありました。まりんさんが185mL飲みました。牛にゅうは何mLのこっていますか。

式 500－185＝315

答え 315mL

3 ゆうきさんの身長は，1m29cmで，しょうさんの身長は134cmです。どちらの方がどれだけ高いですか。

式 134－129＝5

しょうさんの方が5cm高い。

4 ひかるさんは，下のおかしの中からチョコレートとグミをえらんで買いました。すると，50円安くしてもらいました。ひかるさんがはらうお金は，何円ですか。

178円　220円　105円　98円

式 178＋98＝276
276－50＝226

答え 226円

(A3 141%・B4 122%拡大)

児童に実施させる前に，必ず指導される方が問題を解いてください。本書の解答は，あくまでも１つの例です。指導される方の作られた解答をもとに，本書の解答例を参考に児童の多様な考えに寄り添って○つけをお願いします。

P20

知識技能 B　　月　日

たし算・ひき算の筆算

名前

1 758 + 593 の計算をします。
□にあてはまる数を書きましょう。

	7	5	8
+	5	9	3

(1) 一の位の計算 (5)
8 + 3 = 11
十の位に 1 くり上がる

(2) 十の位の計算 (5)
くり上げた 1 も合わせる
1 + 5 + 9 = 15
百の位に 1 くり上がる

(3) 百の位の計算 (5)
くり上げた 1 も合わせる
1 + 7 + 5 = 13
千の位に 1 くり上がる

(4) 答えは 1351 です。(5)

2 902 − 368 の計算をします。
□にあてはまる数を書きましょう。

	9	0	2
−	3	6	8

(1) 一の位の計算 (5)
2 − 8 はできない。
百の位から十の位にくり下げて
十の位から 1 くり下げます
12 − 8 = 4

(2) 十の位の計算 (5)
十の位は 9 になっています。
9 − 6 = 3

(3) 百の位の計算 (5)
百の位は 8 になっています。
8 − 3 = 5

(4) 答えは 534 です。(5)

3 計算をしましょう。(5×4)

(1) 593 + 248 = 841
(2) 3616 + 5184 = 8800
(3) 724 − 258 = 466
(4) 7065 − 2879 = 4186

4 次の計算を筆算《ひっさん》でしましょう。(4×10)

(1) 376 + 439　815
(2) 367 + 143　510
(3) 94 + 427　521
(4) 1674 + 3926　5600
(5) 734 − 367　367
(6) 921 − 129　792
(7) 527 − 459　68
(8) 635 − 37　598
(9) 700 − 74　626
(10) 600 − 9　591

20　(A3 141%・B4 122%拡大)

P21

思考判断表現 B　　月　日

たし算・ひき算の筆算

名前

1 なわとびで，けいたさんは 187 回，かほさんは 206 回とびました。
かほさんの方が何回多くとびましたか。(5×2)

式 206 − 187 = 19
答え 19 回

2 250 ページの本を，98 ページまで読みました。あと何ページありますか。(5×2)

式 250 − 98 = 152
答え 152 ページ

3 遊園地には 627 人の人が来ています。
そのうち，子どもは 372 人です。(5×4)

(1) おとなは何人ですか。
式 627 − 372 = 255
答え 255 人

(2) 子どもとおとなでは，どちらが何人多いですか。
式 372 − 255 = 117
答え 子どもの方が 117 人多い。

4 ジュースを 180mL 飲みました。
のこりは 257mL です。
はじめに，ジュースは何 mL ありましたか。(5×2)

式 180 + 257 = 437
答え 437mL

5 次の計算はまちがっています。
まちがっているところと，正しい答えを書きましょう。(5×2)

	3	5	4
+	2	4	7
	5	0	1

まちがっているところ
百の位が 5 になっているところ。
正しい答え 601

6 下のおかしの中から，2 つえらんで買います。

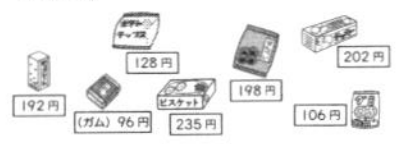

(1) チョコレートとポテトチップスを買いました。いくらになりますか。(5×2)
式 192 + 128 = 320
答え 320 円

(2) ビスケットとガムを買って 500 円を出しました。おつりはいくらですか。
式 235 + 96 = 331
500 − 331 = 169
答え 169 円

(3) ちょうど 400 円になるように買いました。何と何を買いましたか。(10×2)
クッキー と せんべい

21　(A3 141%・B4 122%拡大)

P22

学習準備　　月　日

長い長さ

名前

1 □にあてはまる長さのたんい（m，cm，mm）を書きましょう。(5×6)

(1) つくえの高さ　60 cm
(2) えんぴつの長さ　17 cm
(3) 1 円玉のはば　20 mm
(4) プールの長さ　25 m
(5) 教科書のあつさ　7 mm
(6) 10 ぱ歩いた長さ　5 m

2 □にあてはまる数を書きましょう。(5×8)

(1) 1m = 100 cm
(2) 3m = 300 cm
(3) 200cm = 2 m
(4) 240cm = 2 m 40 cm
(5) 1m50cm = 150 cm
(6) 138cm = 1 m 38 cm
(7) 1m5cm = 105 cm
(8) 208cm = 2 m 8 cm

3 2 つの長さをくらべて，長い方に○をつけましょう。(5×2)

(1) （320cm）　3m10cm
(2) 2m5cm　（2m50cm）

4 1m のリボンと 2m80cm のリボンをつなぐと，何 m 何 cm になりますか。(5×2)

式 1m + 2m80cm = 3m80cm
答え 3m80cm

5 10cm の長さのえんぴつと 15cm6mm のえんぴつがあります。
長さのちがいは，何 cm 何 mm ですか。(5×2)

式 15cm6mm − 10cm = 5cm6mm
答え 5cm6mm

22　(A3 141%・B4 122%拡大)

P23

知識技能 A　　月　日

長い長さ

名前

1 □にあてはまる長さのたんい（km，m，cm，mm）を書きましょう。(5×4)

(1) ノートのあつさ　5 mm
(2) 遠足で歩くきょり　4 km
(3) 教室のたての長さ　8 m
(4) えんぴつの長さ　16 cm

2 下の図のきょりと道のりは，アとイのどちらですか。(5×2)

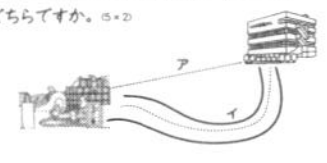

きょり ア　道のり イ

3 次の長さをはかります。どの道具を使いますか。下からえらんで，記号を書きましょう。(5×4)

(1) 教科書のたての長さ　ア
(2) つくえの高さ　イ
(3) 体育館《たいいくかん》の横の長さ　エ
(4) おなかのまわりの長さ　ウ

ア 30cm ものさし
イ 1m ものさし
ウ 2m まきじゃく
エ 30m まきじゃく

4 下のまきじゃくの↓のめもりを答えましょう。(5×4)

(1) 45cm　(2) 1m23cm
(3) 3m15cm　(4) 4m7cm

5 □にあてはまる数を書きましょう。(5×3)

(1) 1km = 1000 m
(2) 1200m = 1 km 200 m
(3) 1km80m = 1080 m

6 長さの計算をしましょう。(5×3)

(1) 1km + 400m　1km400m
(2) 1km500m + 500m　2km
(3) 1km − 700m　300m

23　(A3 141%・B4 122%拡大)

P24

思考判断表現 A　　月　日

長い長さ

名前

1 そらさんの家から学校までの絵地図を見て答えましょう。

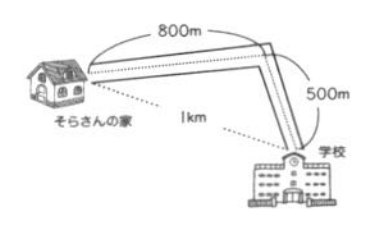

(1) 家から学校までの道のりは何 m ですか。
また，それは何 km 何 m ですか。(10×2)
800m + 500m = 1300m
1300m = 1km300m
答え 1300 m
1 km 300 m

(2) 家から学校までの道のりは，きょりとくらべて，何 m 長いですか。(10×2)
1km300m − 1km = 300m
答え 300 m

2 つかささんの家から公園までの絵地図を見て答えましょう。

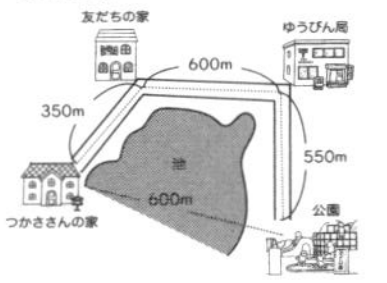

(1) つかささんの家からゆうびん局までの道のりは，何 m ですか。(10×2)
350m + 600m = 950m
答え 950 m

(2) つかささんの家から公園までの道のりは，何 m ですか。また，それは何 km 何 m ですか。(10×2)
950m + 550m = 1500m
1500m = 1km500m
答え 1500 m
1 km 500 m

(3) 家から公園までの道のりは，きょりとくらべて何 m 長いですか。(10×2)
1500m − 600m = 900m
答え 900 m

24　(A3 141%・B4 122%拡大)

P25

知識技能 B　　月　日

長い長さ

名前

1 まきじゃくの↓のめもりを読みましょう。(4×6)

(1) 28cm　(2) 1m5cm
(3) 3m19cm　(4) 3m81cm
(5) 21m95cm　(6) 22m17cm

2 次の長さをはかります。どの道具を使いますか。下からえらんで，記号を書きましょう。(4×4)

(1) えんぴつの長さ　ア
(2) 学校のろうかの長さ　エ
(3) 柵《さく》のまわりの長さ　ウ
(4) いすの高さ　イ

ア 30cm ものさし　イ 1m ものさし
ウ 2m まきじゃく　エ 30m まきじゃく

3 □にあてはまる数を書きましょう。(4×5)

(1) 2km = 2000 m
(2) 1km300m = 1300 m
(3) 1km50m = 1050 m
(4) 1600m = 1 km 600 m
(5) 1070m = 1 km 70 m

4 ㋐と㋑の長さを↓でかきましょう。(4×2)

㋐ 7m55cm　㋑ 8m10cm

5 長さの計算をして，□にあてはまる数を書きましょう。(4×8)

(1) 800m + 400m = 1200 m
= 1 km 200 m
(2) 1km500m + 900m
= 2 km 400 m
= 2400 m
(3) 4km + 300m = 4 km 300 m
(4) 2km − 500m = 1 km 500 m
(5) 2km600m + 3km700m
= 6 km 300 m
(6) 3km100m − 1km500m
= 1 km 600 m

25　(A3 141%・B4 122%拡大)

P26

思考判断表現 B　　月　日

長い長さ

名前

1 みさきさんと，ゆうまさんの家から学校までの絵地図を見て答えましょう。

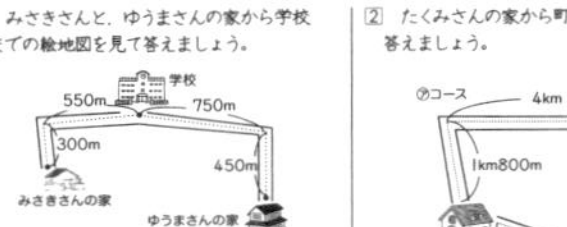

(1) みさきさんの家から学校までの道のりは，何 m ですか。(5×2)
300m + 550m = 850m
答え 850 m

(2) ゆうまさんの家から学校までの道のりは，
450m + 750m = 1200m
1200m = 1km200m
答え 1200 m
1 km 200 m

(3) みさきさんの家から学校までと，ゆうまさんの家から学校までの道のりのちがいは，何 m ですか。
1200m − 850m = 350m
答え 350 m

(4) みさきさんの家から学校の前を通って，
850m + 1200m = 2050m
2050m = 2km50m
答え 2050 m
2 km 50 m

2 たくみさんの家から町までの絵地図を見て答えましょう。

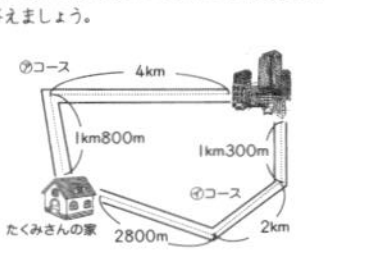

(1) ㋐のコースで行くと，町まで何 km 何 m
1km800m + 4km = 5km800m
答え 5 km 800 m

(2) 2800m = 2km800m
2km800m + 2km + 1km300m = 6km100m
6km100m = 6100m
答え 6100 m
6 km 100 m

(3) ㋐のコースと㋑のコースでは，何 m の
6km100m − 5km800m = 300m
答え 300 m

(4) 行きを㋐のコース，帰りを㋑のコースにすると，全部《ぜんぶ》で何 m 進んだことになりますか。
6km100m + 5km800m = 11km900m
答え 11900 m
11 km 900 m

26　(A3 141%・B4 122%拡大)

P27

学習準備　　月　日

あまりのあるわり算

名前

1 計算をしましょう。(5×14)

(1) 6 ÷ 2　3
(2) 40 ÷ 5　8
(3) 24 ÷ 4　6
(4) 48 ÷ 6　8
(5) 21 ÷ 3　7
(6) 72 ÷ 9　8
(7) 18 ÷ 2　9
(8) 32 ÷ 8　4
(9) 56 ÷ 7　8
(10) 25 ÷ 5　5
(11) 36 ÷ 4　9
(12) 18 ÷ 3　6
(13) 35 ÷ 7　5
(14) 16 ÷ 8　2

2 クッキーが 20 こあります。4 人に同じ数ずつくばります。1 人分は，何こになりますか。(5×2)

式 20 ÷ 4 = 5
答え 5 こ

3 チョコレートを 1 人に 4 こずつ，7 人にくばります。チョコレートは，何こいりますか。(5×2)

式 4 × 7 = 28
答え 28 こ

4 あめが 24 こあります。1 人に 3 こずつくばります。何人に，くばることができますか。(5×2)

式 24 ÷ 3 = 8
答え 8 人

27　(A3 141%・B4 122%拡大)

P28

知識技能 A　　月　日

あまりのあるわり算

名前

1 9 このキャラメルを，4 人で同じ数ずつ分けます。1 人に何こずつ分けることができますか。また，あまりは何こですか。(5×3)

(1) 分けた図をかきましょう。

(2) 式と答えを書きましょう。
9 ÷ 4 = 2 あまり 1
1 人 2 こずつで 1 こあまる。

2 計算をしましょう。(5×7)

(1) 17 ÷ 5　3 あまり 2
(2) 26 ÷ 8　3 あまり 2
(3) 39 ÷ 7　5 あまり 4
(4) 31 ÷ 4　7 あまり 3
(5) 52 ÷ 6　8 あまり 4
(6) 53 ÷ 9　5 あまり 8
(7) 7 ÷ 8　0 あまり 7

3 次の計算をして，たしかめもしましょう。
□にあてはまる数をかきましょう。(5×10)

(1) 7 ÷ 2 = 3 あまり 1
たしかめ 2 × 3 + 1 = 7

(2) 23 ÷ 4 = 5 あまり 3
たしかめ 4 × 5 + 3 = 23

(3) 25 ÷ 3 = 8 あまり 1
たしかめ 3 × 8 + 1 = 25

(4) 52 ÷ 7 = 7 あまり 3
たしかめ 7 × 7 + 3 = 52

(5) 42 ÷ 9 = 4 あまり 6
たしかめ 9 × 4 + 6 = 42

28　(A3 141%・B4 122%拡大)

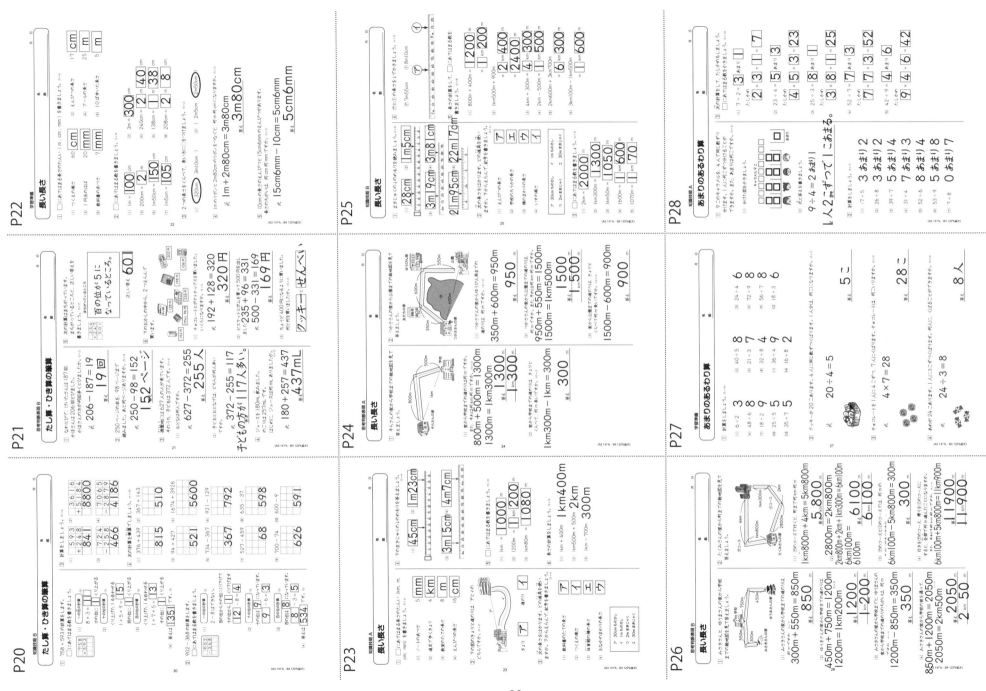

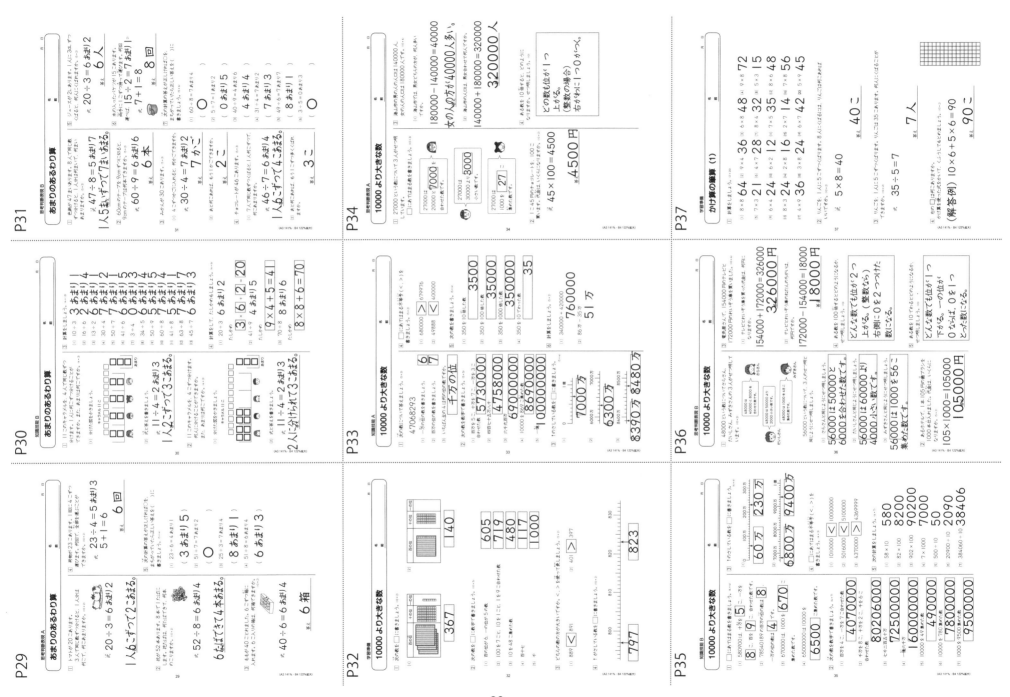

P29

思考判断表現 A

あまりのあるわり算

1 トマトが 20 こあります。3 人で同じ数ずつ分けると，1 人分は何こで，何こあまりますか。

式 20 ÷ 3 = 6 あまり 2

1 人 6 こずつで 2 こあまる。

2 花が 52 本あります。8 本で 1 たばにします。花たばは，何たばできて，何本のこりますか。

式 52 ÷ 8 = 6 あまり 4

6 たばできて 4 本あまる。

3 ももが 40 ことれました。6 こずつ箱に入れます。6 こ入りの箱は，何箱できますか。

式 40 ÷ 6 = 6 あまり 4

答え 6 箱

4 荷物が 23 こあります。1 回に 4 こずつ運びます。何回で，全部を運ぶことができますか。

式 23 ÷ 4 = 5 あまり 3
5 + 1 = 6

答え 6 回

5 次の計算の答えが正しければ○を，まちがっていたら正しい答えを（　）に書きましょう。

(1) 23 ÷ 6 = 4 あまり 1　（ 3 あまり 5 ）
(2) 51 ÷ 7 = 7 あまり 2　（ ○ ）
(3) 25 ÷ 3 = 7 あまり 4　（ 8 あまり 1 ）
(4) 51 ÷ 8 = 6 あまり 4　（ 6 あまり 3 ）

P30

知識技能 B

あまりのあるわり算

1 11 このキャラメルを，4 人で同じ数ずつ分けます。1 人に何こずつ分けることができますか。また，あまりは何こですか。

(1) 分けた図をかきましょう。

(2) 式と答えを書きましょう。

式 11 ÷ 4 = 2 あまり 3

1 人 2 こずつで 3 こあまる。

2 11 このキャラメルを，4 こずつ分けます。何人に分けることができますか。また，あまりは何こですか。

(1) 分けた図をかきましょう。

(2) 式と答えを書きましょう。

式 11 ÷ 4 = 2 あまり 3

2 人に分けられて 3 こあまる。

3 計算をしましょう。

(1) 10 ÷ 3　3 あまり 1
(2) 16 ÷ 6　2 あまり 4
(3) 13 ÷ 2　6 あまり 1
(4) 30 ÷ 4　7 あまり 2
(5) 50 ÷ 7　7 あまり 1
(6) 41 ÷ 6　6 あまり 5
(7) 3 ÷ 4　0 あまり 3
(8) 34 ÷ 5　6 あまり 4
(9) 50 ÷ 9　5 あまり 5
(10) 60 ÷ 8　7 あまり 4
(11) 41 ÷ 8　5 あまり 1
(12) 63 ÷ 8　7 あまり 7
(13) 45 ÷ 7　6 あまり 3

4 計算をして，たしかめもしましょう。

(1) 20 ÷ 3　6 あまり 2
たしかめ　3 × 6 + 2 = 20
(2) 41 ÷ 9　4 あまり 5
たしかめ　9 × 4 + 5 = 41
(3) 70 ÷ 8　8 あまり 6
たしかめ　8 × 8 + 6 = 70

P31

思考判断表現 B

あまりのあるわり算

1 色紙が 47 まいあります。8 人で同じ数ずつ分けると，1 人分は何まいで，何まいあまりますか。

式 47 ÷ 8 = 5 あまり 7

1 人 5 まいずつで 7 まいあまる。

2 60cm のテープを 9cm ずつに切ると，9cm のテープは何本できますか。

式 60 ÷ 9 = 6 あまり 6

答え 6 本

3 みかんが 30 こあります。

(1) 4 こずつかごに入れると，何かごできますか。

式 30 ÷ 4 = 7 あまり 2

答え 7 かご

(2) あと何こあれば，もう 1 かごできますか。

答え 2 こ

4 チョコレートが 46 こあります。

(1) 7 人で同じ数ずつくばると，1 人何こずつで，何こあまりますか。

式 46 ÷ 7 = 6 あまり 4

1 人 6 こずつで 4 こあまる。

(2) あと何こあれば，もう 1 こずつ多くくばれますか。

答え 3 こ

5 ジュースが 2L あります。1 人に 3dL ずつくばると，何人にくばれますか。

式 20 ÷ 3 = 6 あまり 2

答え 6 人

6 水の入ったバケツが 15 こあります。両手に 1 こずつ持って運びます。何回運べば，

15 ÷ 2 = 7 あまり 1
式 7 + 1 = 8

答え 8 回

7 次の計算の答えが正しければ○を，まちがっていたら正しい答えを（　）に書きましょう。

(1) 60 ÷ 8 = 7 あまり 4　（ ○ ）
(2) 5 ÷ 7 = 1 あまり 2　（ 0 あまり 5 ）
(3) 40 ÷ 9 = 4 あまり 6　（ 4 あまり 4 ）
(4) 31 ÷ 4 = 7 あまり 2　（ 7 あまり 3 ）
(5) 49 ÷ 6 = 7 あまり 7　（ 8 あまり 1 ）
(6) 3 ÷ 5 = 0 あまり 3　（ ○ ）

P32

学習準備

10000 より大きな数

1 次の数を□に書きましょう。

(1) 367　(2) 140

2 次の数を□に数字で書きましょう。

(1) 百の位が 6，一の位が 5 の数　605
(2) 100 を 7 こと，10 を 1 こと，1 を 9 こ合わせた数　719
(3) 10 を 48 こ集めた数　480
(4) 百十七　117
(5) 千　1000

3 どちらの数の方が大きいですか。<，> を使って表しましょう。

(1) 889 < 891　(2) 401 > 397

4 ↑がさしている数を□に書きましょう。

797　823

P33

知識技能 A

10000 より大きな数

1 次の数について答えましょう。

47068293

(1) 一万の位の数を書きましょう。　6
(2) 百万の位の数を書きましょう。　7
(3) いちばん左の 4 は何の位の数ですか。　千万の位

2 次の数を数字で書きましょう。

(1) 百万を 5 こ，十万を 7 こ，一万を 3 こ合わせた数　5730000
(2) 四百七十五万八千　4758000
(3) 六千九百万　69000000
(4) 10000 を 869 こ集めた数　8690000
(5) 一億　100000000

3 ↑のさしている数を□に書きましょう。

(1) 7000 万
(2) 6300 万
(3) 8390 万　8480 万

4 □にあてはまる不等号（<，>）を書きましょう。

(1) 680000 > 679976
(2) 49888 < 400000

5 次の数を書きましょう。

(1) 350 を 10 倍した数　3500
(2) 350 を 100 倍した数　35000
(3) 350 を 1000 倍した数　350000
(4) 350 を 10 でわった数　35

6 計算をしましょう。

(1) 340000 + 420000　760000
(2) 86 万 − 35 万　51 万

P34

思考判断表現 A

10000 より大きな数

1 27000 という数について 3 人がせつ明しています。□にあてはまる数を書きましょう。

27000 は 20000 と 7000 を合わせた数です。

27000 は 30000 より 3000 小さい数です。

27000 は 1000 を 27 こ集めた数です。

2 1 こ 45 円のチョコレートを，100 こ買います。代金は，いくらになりますか。

式 45 × 100 = 4500

答え 4500 円

3 海山市の男の人の人口は 140000 人，女の人の人口は 180000 人です。

(1) 海山市では，男女どちらの方が，何人多いですか。

180000 − 140000 = 40000

女の人の方が 40000 人多い。

(2) 海山市の人口は，男女合わせて何人ですか。

140000 + 180000 = 320000

320000 人

4 ある数を 10 倍すると，どのようになりますか。せつ明しましょう。

どの数も位が 1 つ上がる。
(整数の場合)
右がわに 1 つ 0 がつく。

P35

知識技能 B

10000 より大きな数

1 □にあてはまる数を書きましょう。

(1) 580900 は，十万を 5 こ，一万を 8 こ，百を 9 こ，合わせた数です。
(2) 78540189 の百万の位の数は 8，一万の位の数は 4 です。
(3) 670000 は，1000 を 670 こ集めた数です。
(4) 65000000 は 10000 を 6500 こ集めた数です。

2 次の数を数字で書きましょう。

(1) 百万を 4 こ，一万を 7 こ合わせた数　4070000
(2) 千万を 8 こ，十万を 2 こ，千を 6 こ合わせた数　80206000
(3) 七千二百五十万　72500000
(4) 一億六千万　160000000
(5) 10000 を 49 こ集めた数　490000
(6) 10000 を 780 こ集めた数　7800000
(7) 1000 を 9500 こ集めた数　9500000

3 ↑のさしている数を□に書きましょう。

(1) 60 万　230 万
(2) 6800 万　9400 万

4 □にあてはまる不等号（<，>）を書きましょう。

(1) 1010000 < 10000000
(2) 5016000 < 5100000
(3) 4370000 > 4369999

5 次の計算をしましょう。

(1) 58 × 10　580
(2) 82 × 100　8200
(3) 902 × 100　90200
(4) 7 × 1000　7000
(5) 500 ÷ 10　50
(6) 20900 ÷ 10　2090
(7) 384060 ÷ 10　38406

P36

思考判断表現 B

10000 より大きな数

1 48000 という数についてさらさん，だいしさん，みずきさんの 3 人がせつ明しています。

48000 は 40000 と 8000 を合わせた数です。（さらさん）
48000 は 50000 より 2000 小さい数です。（だいしさん）
48000 は 1000 を 48 こ集めた数です。（みずきさん）

56000 という数について，3 人のせつ明と同じようにせつ明しましょう。

(1) さらさんと同じようにせつ明しましょう。

56000 は 50000 と 6000 を合わせた数です。

(2) だいしさんと同じようにせつ明しましょう。

56000 は 60000 より 4000 小さい数です。

(3) みずきさんと同じようにせつ明しましょう。

56000 は 1000 を 56 こ集めた数です。

2 あるホテルで，1 本 105 円の歯ブラシを 1000 本仕入れました。代金は，いくらになりますか。

105 × 1000 = 105000

105000 円

3 電気屋さんで，154000 円のテレビと 172000 円のれいぞう庫を買いました。

(1) テレビとれいぞう庫を買った代金は，何円になりますか。

154000 + 172000 = 326000

326000 円

(2) テレビとれいぞう庫のねだんのちがいは，何円ですか。

172000 − 154000 = 18000

答え 18000 円

4 ある数を 100 倍するとどのようになるか，せつ明しましょう。

どんな数でも位が 2 つ上がる。(整数なら)
右側に 0 を 2 つつけた数になる。

5 ある数を 10 でわるとどのようになるか，せつ明しましょう。

どんな数でも位が 1 つ下がる。一の位が 0 ならば，0 を 1 つとった数になる。

P37

学習準備

かけ算の筆算 (1)

1 計算をしましょう。

(1) 8 × 8　64
(2) 9 × 4　36
(3) 6 × 8　48
(4) 9 × 8　72
(5) 7 × 3　21
(6) 4 × 7　28
(7) 8 × 4　32
(8) 5 × 3　15
(9) 6 × 4　24
(10) 6 × 2　12
(11) 7 × 5　35
(12) 8 × 6　48
(13) 8 × 3　24
(14) 2 × 8　16
(15) 2 × 7　14
(16) 7 × 8　56
(17) 4 × 9　36
(18) 3 × 8　24
(19) 6 × 7　42
(20) 5 × 9　45

2 りんごを，1 人に 5 こずつくばります。8 人にくばるには，りんごは何こあればいいですか。

式 5 × 8 = 40

答え 40 こ

3 りんごを，1 人に 5 こずつくばります。りんごは 35 こあります。何人にくばることができますか。

式 35 ÷ 5 = 7

答え 7 人

4 右の□は何こありますか。かけ算を使った式をかいて，くふうしてもとめましょう。

(解答例) 10 × 6 + 5 × 6 = 90

答え 90 こ

解答

児童に実施させる前に，必ず指導される方が問題を解いてください。本書の解答は，あくまでも１つの例です。指導される方の作られた解答をもとに，本書の解答例を参考に児童の多様な考えに寄り添って○つけをお願いします。

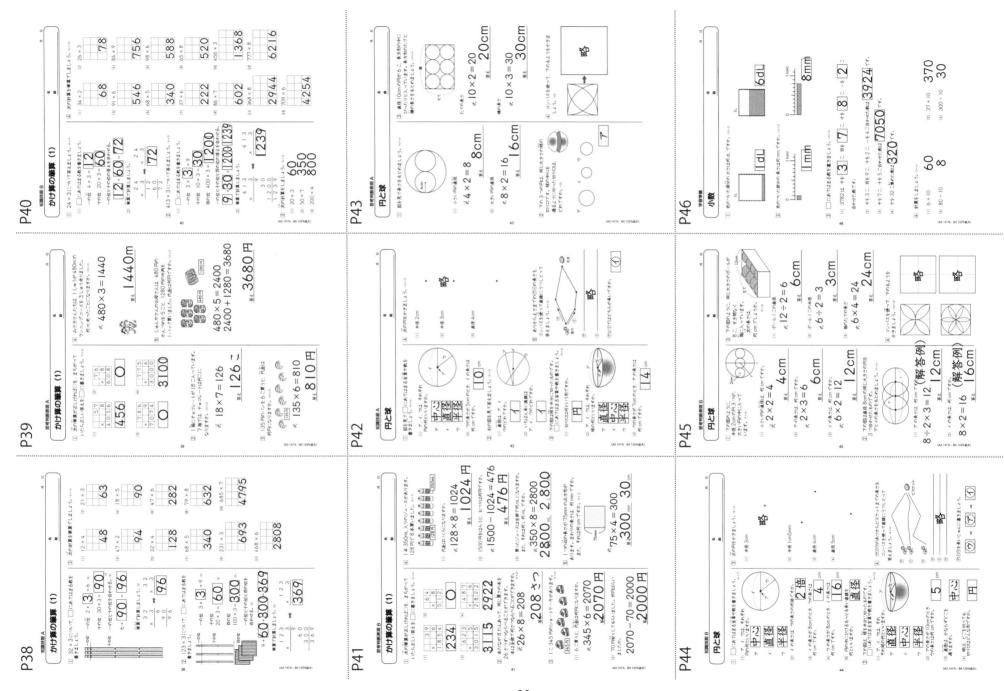

P38

知識技能 A　月　日

かけ算の筆算 (1)　名前

1 32 × 3について，□にあてはまる数を書きましょう。

一の位　2 × 3 = 6
十の位　30 × 3 = 90
一の位と十の位を合わせる。
6 + 90 = 96

筆算で計算しましょう。
32 × 3 = 96

2 123 × 3について，□にあてはまる数を書きましょう。

一の位　3 × 3 = 9
十の位　20 × 3 = 60
百の位　100 × 3 = 300
一の位と十の位と百の位を合わせる。
9 + 60 + 300 = 369

筆算で計算しましょう。
123 × 3 = 369

3 次の計算を筆算でしましょう。

(1) 12 × 4　48
(2) 21 × 3　63
(3) 47 × 2　94
(4) 18 × 5　90
(5) 32 × 4　128
(6) 47 × 6　282
(7) 68 × 5　340
(8) 79 × 8　632
(9) 231 × 3　693
(10) 685 × 7　4795
(11) 468 × 6　2808

38

P39

思考判断表現 A　月　日

かけ算の筆算 (1)　名前

1 次の筆算が正しければ○を，まちがっていたら正しい答えを□に書きましょう。

(1) 57 × 8 = 4056　456
(2) 76 × 8 = 608　○
(3) 786 × 9 = 7074　○
(4) 775 × 4 = 3000　3100

2 1箱にチョコレートが18こ入っています。7箱では，チョコレートは何こになりますか。

式 18 × 7 = 126
答え 126こ

3 135円のパンを6こ買うと，代金は何円になりますか。

式 135 × 6 = 810
答え 810円

4 みさきさんたちは，1しゅうが480mのランニングコースを3しゅう走りました。何m走ったことになりますか。

式 480 × 3 = 1440
答え 1440m

5 しゅんやさんのお母さんは，480円のかんづめを5こと，1280円の牛肉を1パック買いました。代金は何円ですか。

480 × 5 = 2400
2400 + 1280 = 3680
答え 3680円

39

P40

知識技能 B　月　日

かけ算の筆算 (1)　名前

1 24 × 3について答えましょう。

(1) □にあてはまる数を書きましょう。
一の位　4 × 3 = 12
十の位　20 × 3 = 60
一の位と十の位の答えを合わせる。
12 + 60 = 72

(2) 筆算で計算しましょう。
24 × 3 = 72

2 413 × 3について答えましょう。

(1) □にあてはまる数を書きましょう。
一の位　3 × 3 = 9
十の位　10 × 3 = 30
百の位　400 × 3 = 1200
一の位と十の位と百の位の答えを合わせる。
9 + 30 + 1200 = 1239

(2) 筆算で計算しましょう。
413 × 3 = 1239

3 次の計算をしましょう。

(1) 20 × 3　60
(2) 50 × 7　350
(3) 200 × 4　800

4 次の計算を筆算でしましょう。

(1) 34 × 2　68
(2) 26 × 3　78
(3) 91 × 6　546
(4) 84 × 9　756
(5) 68 × 5　340
(6) 98 × 6　588
(7) 37 × 6　222
(8) 65 × 8　520
(9) 86 × 7　602
(10) 456 × 3　1368
(11) 368 × 8　2944
(12) 777 × 8　6216
(13) 709 × 6　4254

40

P41

思考判断表現 B　月　日

かけ算の筆算 (1)　名前

1 次の筆算が正しければ○を，まちがっていたら正しい答えを□に書きましょう。

(1) 39 × 6 = 1854　234
(2) 64 × 8 = 512　○
(3) 623 × 5 = 3015　3115
(4) 487 × 6 = 2822　2922

2 本だなが8だんあって，同じ厚さの本を26さつずつならべることができます。本は全部で何さつならべることができますか。

式 26 × 8 = 208
答え 208さつ

3 1こ345円のショートケーキがあります。

(1) 6こ買うと，代金は何円になりますか。
式 345 × 6 = 2070
答え 2070円

(2) 70円安くしてもらいました。何円はらいましたか。
2070 − 70 = 2000
答え 2000円

4 1本350mL入りのジュースがあります。128円で8本買いました。

(1) 代金はいくらになりますか。
式 128 × 8 = 1024
答え 1024円

(2) 1500円をはらうと，おつりは何円ですか。
式 1500 − 1024 = 476
答え 476円

(3) 買ったジュースは全部で何mLになりますか。また，それは何L何mLですか。
式 350 × 8 = 2800
2800mL　2L800

5 1つの辺の長さが75mmの正方形があります。まわりの長さは，何mmですか。また，それは何cmですか。

式 75 × 4 = 300
答え 300mm　30cm

41

P42

知識技能 A　月　日

円と球　名前

1 図を見て□にあてはまる言葉や数を書きましょう。

(1) ア，イ，ウは，それぞれ円の何といいますか。
ア 中心
イ 直径
ウ 半径

(2) ウの長さが5cmのとき，イの長さは何cmですか。　10 cm

2 右の図を見て答えましょう。

(1) 直径は，ア，イ，ウのどれですか。　イ

(2) いちばん長い直線は，ア，イ，ウのどれですか。　イ

3 下の図は球を半分に切ったものです。□にあてはまる言葉や数を書きましょう。

(1) 切り口は何という形ですか。　円

(2) ア，イ，ウは，それぞれ球の何といいますか。
ア 直径
イ 中心
ウ 半径

(3) ウの長さが7cmのとき，アの長さは何cmですか。　14 cm

4 次の円をかきましょう。

(1) 半径2cm
(2) 半径3cm
(3) 直径4cm

略

5 ありからえさまでの㋐㋑の長さを，コンパスを使って直線にうつしとって答えましょう。

略

㋐と㋑ではどちらが長いですか。　㋑

42

P43

思考判断表現 A　月　日

円と球　名前

1 図を見て長さをもとめましょう。

(1) 小さい円の直径
式 4 × 2 = 8
答え 8cm

(2) 大きい円の直径
式 8 × 2 = 16
答え 16cm

2 下の3つの円は，同じ大きさの球の切り口です。球の中心を通るように切った切り口は，どれですか。

ア

3 直径10cmの円が6こ，長方形の中にぴったりと入っています。長方形のたてと横の長さをもとめましょう。

たての長さ
式 10 × 2 = 20
答え 20cm

横の長さ
式 10 × 3 = 30
答え 30cm

4 コンパスを使って，下のもようをかきましょう。

略

43

P44

知識技能 B　月　日

円と球　名前

1 □にあてはまる言葉や数を書きましょう。

(1) ア，イ，ウは，それぞれ円の何といいますか。
ア 中心
イ 直径
ウ 半径

(2) イの長さは，ウの長さの何倍ですか。　2倍

(3) イの長さが8cmのとき，ウの長さは何cmですか。　4 cm

(4) ウの長さが8cmのとき，イの長さは何cmですか。　16 cm

(5) 円の中にひけるもっとも長い直線を何といいますか。　直径

2 下の図は，球を半分に切ったものです。□にあてはまる言葉や数を書きましょう。

(1) ア，イ，ウは，それぞれ球の何といいますか。
ア 直径
イ 中心
ウ 半径

(2) アの長さが10cmのとき，ウの長さは何cmですか。　5 cm

(3) 直径は，かならずどこを通りますか。　中心

(4) 球は，どこを切っても，切り口はどんな形ですか。　円

3 次の円をかきましょう。

(1) 半径3cm
(2) 半径1cm5mm
(3) 直径4cm
(4) 直径5cm

略

4 ㋐㋑㋒のありからビスケットまでの長さを，コンパスを使って直線にうつしとって答えましょう。

略

㋐㋑㋒を長いじゅんに書きましょう。
㋒ → ㋐ → ㋑

44

P45

思考判断表現 B　月　日

円と球　名前

1 下の図のように，半径2cmの円3つが，大きい円の中に入っています。

(1) 小さい円の直径は，何cmですか。
式 2 × 2 = 4
答え 4cm

(2) アの長さは，何cmですか。
式 2 × 3 = 6
答え 6cm

(3) イの長さは，何cmですか。
式 6 × 2 = 12
答え 12cm

2 下の図は直径8cmの同じ大きさの円を3つ合わせたものです。アとイの長さをもとめましょう。

(1) アの長さは，何cmですか。
8 ÷ 2 × 3 = 12（解答例）
答え 12cm

(2) イの長さは，何cmですか。
8 × 2 = 16（解答例）
答え 16cm

3 下の図のように，同じ大きさのボールが8こ，すき間なく箱に入っています。次の長さは，何cmでしょうか。

(1) ボール1この直径
式 12 ÷ 2 = 6
答え 6cm

(2) ボール1この半径
式 6 ÷ 2 = 3
答え 3cm

(3) 箱のたての長さ
式 6 × 4 = 24
答え 24cm

4 コンパスを使って，下のもようをかきましょう。

略

略

45

P46

学習準備　月　日

小数　名前

1 色のついた部分のかさは何dLですか。

1dL　6dL

2 色のついた部分の長さは何mmですか。

1mm　8mm

3 □にあてはまる数を書きましょう。

(1) 3782は，千を3こ，百を7こ，十を8こ，一を2こ合わせた数です。

(2) 千を3こ，百を9こ，十を2こ，一を4こ合わせた数は3924です。

(3) 千を7こ，十を5こ合わせた数は7050です。

(4) 十を32こ集めた数は320です。

4 計算をしましょう。

(1) 6 × 10　60
(2) 37 × 10　370
(3) 80 ÷ 10　8
(4) 300 ÷ 10　30

46

P47

知識技能 A　月　日
小数　名前

1. 色のついた部分の水のかさは，何しですか。小数で表しましょう。
   (1) 1.4L　(2) 0.7L
2. □にあてはまる数を書きましょう。
   (1) 4と0.9を合わせた数は 4.9 です。
   (2) 1を5こと，0.1を3こ合わせた数は，5.3 です。
   (3) 2.8は0.1を 28 こ集めた数です。
3. 数直線の↑のさしている数を書きましょう。
   0.9　2.1
4. □にあてはまる不等号（＜，＞）を書きましょう。
   (1) 5.1 ＞ 4.9
   (2) 3 ＞ 2.8
   (3) 0 ＜ 0.1
5. □にあてはまる数を書きましょう。
   (1) 2L5dL ＝ 2.5 L
   (2) 4cm2mm ＝ 4.2 cm
   (3) 1.6L ＝ 1 L 6 dL
   (4) 0.9cm ＝ 9 mm
6. 次の計算を筆算でしましょう。
   (1) 4.7＋2.5　7.2
   (2) 6.6＋2.4　9.0
   (3) 3.7＋5　8.7
   (4) 7.1－2.8　4.3
   (5) 4－3.8　0.2
   (6) 27－6.5　20.5

47

P48

思考判断表現 A　月　日
小数　名前

1. 2.7という数について，４人がせつ明しています。□にあてはまる数を書きましょう。
   2.7は1を 2 こと0.1を 7 こ合わせた数です。
   2.7は2と 0.7 を合わせた数です。
   2.7は0.1を 27 こ集めた数です。
   2.7は，3よりも 0.3 小さい数です。
2. 1.8mのリボンと0.8mのリボンをつなぎました。リボンの長さは，何mになりますか。
   式 $1.8+0.8=2.6$
   答え 2.6m
3. 2Lあったお茶を，みんなで1.3L飲みました。のこりは，何Lですか。
   式 $2-1.3=0.7$
   答え 0.7L
4. ジュースが大きい紙パックに0.8L，小さい紙パックに0.2L入っています。
   (1) 合わせて何Lありますか。
   式 $0.8+0.2=1.0$
   答え 1L
   (2) ２つの紙パックのかさのちがいは，何Lですか。
   式 $0.8-0.2=0.6$
   答え 0.6L

48

P49

知識技能 B　月　日
小数　名前

1. 色のついた部分の水のかさは，何Lですか。小数で表しましょう。
   (1) 2.8L　(2) 0.4L
2. ↓がさしている長さは，何cmですか。小数で表しましょう。
   ㋐ 0.6cm　㋑ 8.7cm　㋒ 10.5cm
3. □にあてはまる数を書きましょう。
   (1) 3.8は1を 3 こと，0.1を 8 こ合わせた数です。
   (2) 1を5こと，0.1を6こ合わせた数は 5.6 です。
   (3) 3.8は0.1を 38 こ集めた数です。
   (4) 0.1を72こ集めた数は 7.2 です。
4. 数直線の↑のさしている数を書きましょう。
   0.2　1.4　3.1
5. □にあてはまる不等号を書きましょう。
   (1) 0.1 ＜ 1　(2) 0.1 ＞ 0
6. □にあてはまる数を書きましょう。
   (1) 6cm9mm ＝ 6.9 cm
   (2) 2mm ＝ 0.2 cm
   (3) 7L3dL ＝ 7.3 L
7. 次の計算を筆算でしましょう。
   (1) 4.7＋3.5　8.2
   (2) 5.2＋2.8　8.0
   (3) 3.7＋2　5.7
   (4) 12＋4.6　16.6
   (5) 5.2－2.9　2.3
   (6) 9.8－9.3　0.5
   (7) 11.6－6　5.6
   (8) 10－7.5　2.5

49

P50

思考判断表現 B　月　日
小数　名前

1. 3.2という数について，４人がせつ明しています。
   3.2は1を3こと0.1を2こ合わせた数です。（ともき）
   3.2は3と0.2を合わせた数です。（しょうと）
   3.2は0.1を32こ集めた数です。（るみ）
   3.2は4よりも0.8小さい数です。（かほ）
   4.9という数について，４人のようにせつ明しましょう。
   (1) ともきさんのようにせつ明しましょう。
   4.9は1を4こと0.1を9こ合わせた数です。
   (2) しょうとさんのようにせつ明しましょう。
   4.9は4と0.9を合わせた数です。
   (3) るみさんのようにせつ明しましょう。
   4.9は0.1を49こ集めた数です。
   (4) かほさんのようにせつ明しましょう。
   4.9は5よりも0.1小さい数です。
2. 4mのリボンを，2.8m使いました。リボンは，何mのこっていますか。
   式 $4-2.8=1.2$
   答え 1.2m
3. はがきの横の長さは10cm，たての長さは14.8cmです。横とたての長さのちがいは何cmですか。
   式 $14.8-10=4.8$
   答え 4.8cm
4. 1.8Lお茶があります。
   (1) 0.5Lふやすと，何Lになりますか。
   式 $1.8+0.5=2.3$
   答え 2.3L
   (2) 2dL飲むと，何Lになりますか。
   式 $1.8-0.2=1.6$
   答え 1.6L
5. 家から学校までの道のりは1.6kmです。家から公園までの道のりは0.7kmです。
   (1) 家からそれぞれの目てき地までの道のりのちがいは，何kmですか。
   式 $1.6-0.7=0.9$
   答え 0.9km
   (2) 学校から家に帰って，公園へ行くと，道のりは合わせて何kmになりますか。
   式 $1.6+0.7=2.3$
   答え 2.3km

50

P51

学習準備　月　日
重さ　名前

● ゴムやてんびんを使って，重さくらべをしました。重いじゅんに記号を書きましょう。

(1) 同じ太さで，同じ長さのゴムにつるしてくらべます。　㋒ → ㋐ → ㋑
(2) てんびんにのせて，くらべます。　㋕ → ㋖ → ㋗
(3) てんびんにのせて，くらべます。　㋜ → ㋛ → ㋝
(4) 同じおもりを使って，つりあわせます。　㋡ → ㋟ → ㋠
(5) 同じおもりを使って，つりあわせます。　㋦ → ㋤ → ㋥

51

P52

知識技能 A　月　日
重さの単位とはかり方　名前

1. □にあてはまる重さのたんい（g，kg）を書きましょう。
   (1) 1円玉の重さ　1 g
   (2) お父さんの体重　70 kg
   (3) ふでばこの重さ　250 g
2. □にあてはまる数を書きましょう。
   (1) 1kg ＝ 1000 g
   (2) 1000kg ＝ 1 t
3. 右のはかりを見て答えましょう。
   (1) このはかりは，何kgまではかれますか。　2kg
   (2) いちばん小さい１目もりは，何gを表していますか。　10g
   (3) パイナップルの重さは，何kg何gですか。　1kg600g
4. はりがさしている重さを書きましょう。
   (1) 650g　(2) 230g　(3) 1kg100g　(4) 500g
5. □にあてはまる数を書きましょう。
   (1) 1kg400g ＝ 1400 g
   (2) 1kg50g ＝ 1050 g
   (3) 2400g ＝ 2 kg 400 g
   (4) 3750g ＝ 3 kg 750 g
6. 重さの計算をしましょう。
   (1) 400g＋200g　600g
   (2) 1kg400g＋400g　1kg800g
   (3) 600g－300g　300g
   (4) 1kg－800g　200g

52

P53

思考判断表現 A　月　日
重さの単位とはかり方　名前

1. 重さ300gのかごがあります。りんごを1kg250g入れると，全体の重さはどれだけになりますか。
   300g＋1kg250g＝1kg550g
   答え 1kg550g
2. 小麦こが800gありました。おこのみやきを作るのに350g使いました。のこっている小麦こは，何gですか。
   800g－350g＝450g
   答え 450g
3. 200gのおさらに，トマトをおいて重さをはかったら，1kg100gありました。トマトの重さは，どれだけですか。
   1kg100g－200g＝900g
   答え 900g
4. しゅんやさんの体重は23kg200gです。お兄さんの体重は31kg400gです。
   (1) ２人の体重を合わせると，どれだけになりますか。
   23kg200g＋31kg400g＝54kg600g
   54kg600g
   (2) ２人の体重のちがいは，どれだけになりますか。
   31kg400g－23kg200g＝8kg200g
   8kg200g

53

P54

知識技能 B　月　日
重さの単位とはかり方　名前

1. 下のはかりを見て答えましょう。
   (1) このはかりは，何kgまではかれますか。　1kg
   (2) いちばん小さい１目もりは，何gを表していますか。　5g
   (3) みかんの重さは，何gですか。　370g
2. はりがさしている重さを書きましょう。
   (1) 820g　(2) 255g　(3) 750g　(4) 360g　(5) 1kg350g　(6) 1kg80g
3. □にあてはまる重さのたんい（g，kg，t）を書きましょう。
   (1) りんご１この重さ　300 g
   (2) ぞう１頭の重さ　4 t
   (3) 教科書の重さ　250 g
   (4) 子どもの体重　30 kg
   (5) トラックの重さ　6 t
4. □にあてはまる数を書きましょう。
   (1) 1gを 1000 倍すると1kgになります。
   (2) 4kg600g ＝ 4600 g
   (3) 10kg800g ＝ 10800 g
   (4) 4590g ＝ 4 kg 590 g
   (5) 3080g ＝ 3 kg 80 g
5. 重さの計算をしましょう。
   (1) 2kg＋600g　2kg600g
   (2) 1kg500g＋300g　1kg800g
   (3) 1kg400g＋700g　2kg100g
   (4) 800g－300g　500g
   (5) 1kg900g－500g　1kg400g
   (6) 1kg－400g　600g

54

P55

思考判断表現 B　月　日
重さの単位とはかり方　名前

1. ちあきさんの体重は24kg400gです。ねこをだいて体重計にのると，重さは31kg200gになりました。ねこの体重は何kg何gですか。
   式 31kg200g－24kg400g＝6kg800g
   6kg800g
2. お米を5kg買いました。何日か食べて重さをはかると，のこりは3kg500gでした。食べたお米の重さは，何kg何gですか。また，それは何gですか。
   式 5kg－3kg500g＝1kg500g
   答え 1 kg 500 g
   1500 g
3. 重さ300gのかごに，350gのかんづめ１こと450gのバナナ１ふさを入れると，重さは何gですか。また，それは何kg何gですか。
   300g＋350g＋450g＝1100g
   答え 1100 g
   1 kg 100 g
4. ㋐のみかんは1kg700gあります。㋑のみかんは900gあります。㋐と㋑のみかんを合わせて，箱に入れます。
   (1) ㋐と㋑のみかんを合わせると，重さはどれだけになりますか。
   式 1kg700g＋900g＝2kg600g
   2kg600g
   (2) 箱に入れて重さをはかると，ちょうど3kgでした。箱の重さは，どれだけですか。
   式 3kg－2kg600g＝400g
   答え 400g

55

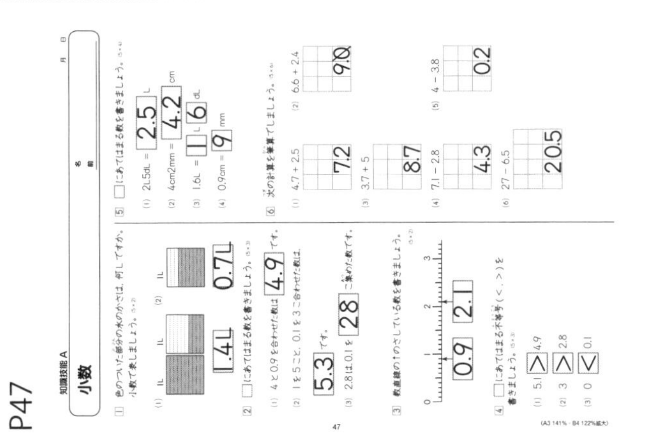

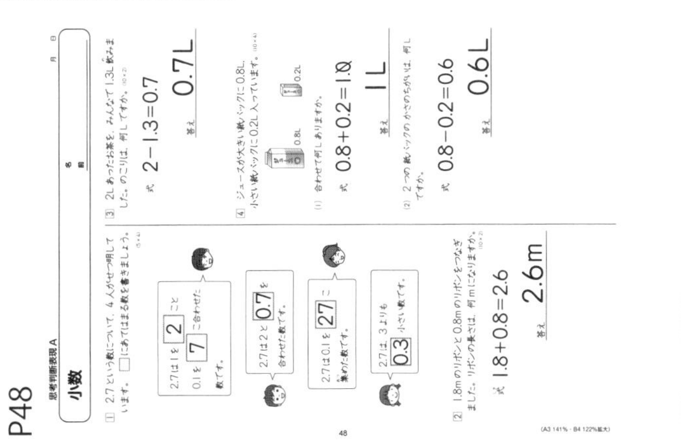

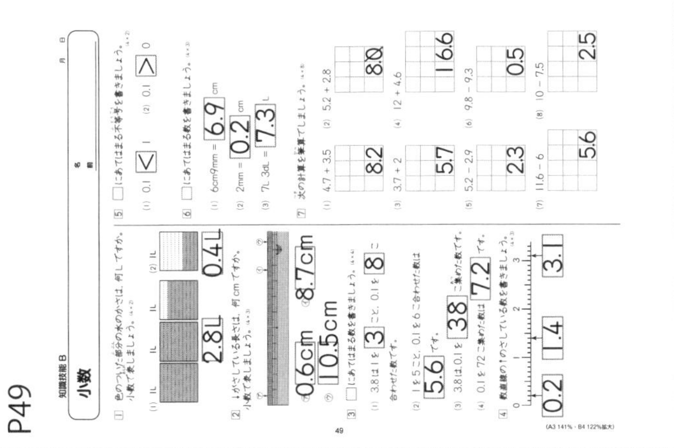

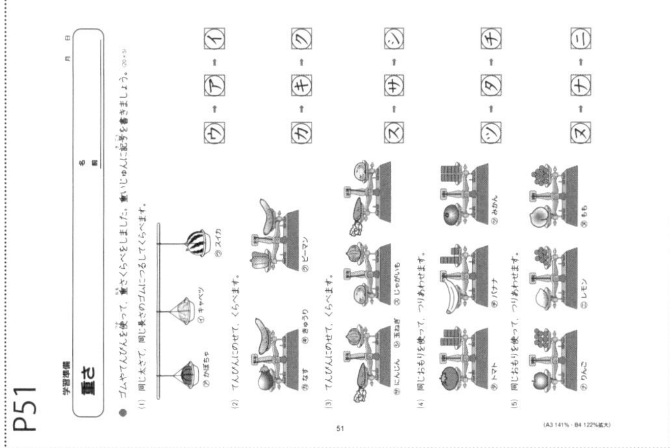

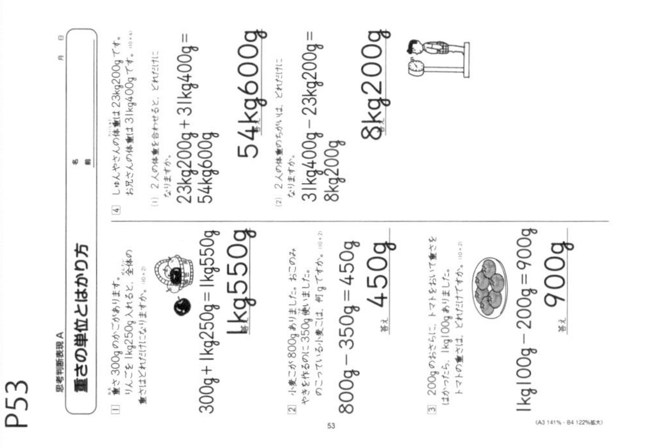

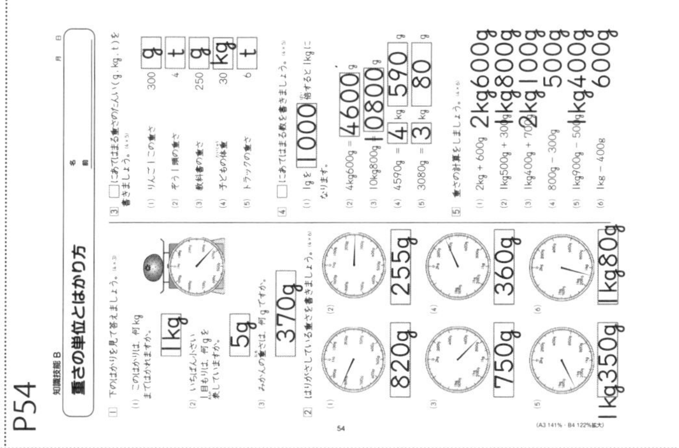

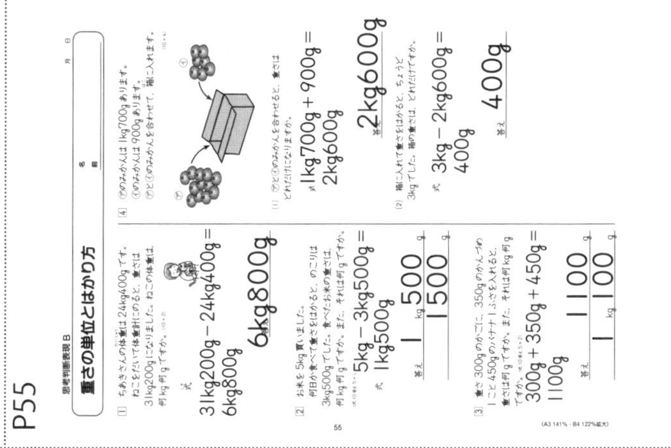

解答

児童に実施させる前に，必ず指導される方が問題を解いてください。本書の解答は，あくまでも１つの例です。指導される方の作られた解答をもとに，本書の解答例を参考に児童の多様な考えに寄り添って○つけをお願いします。

P56

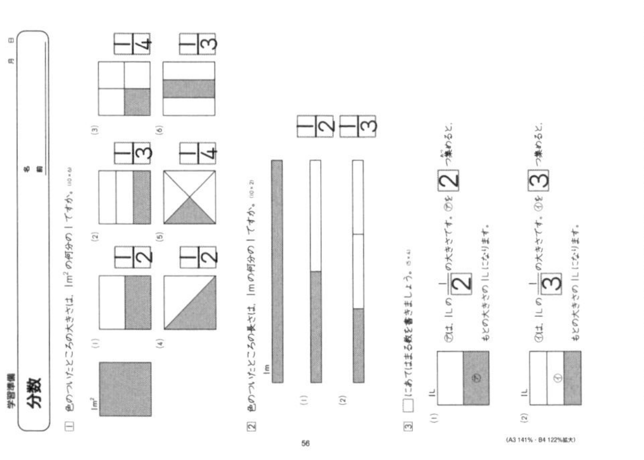

P57

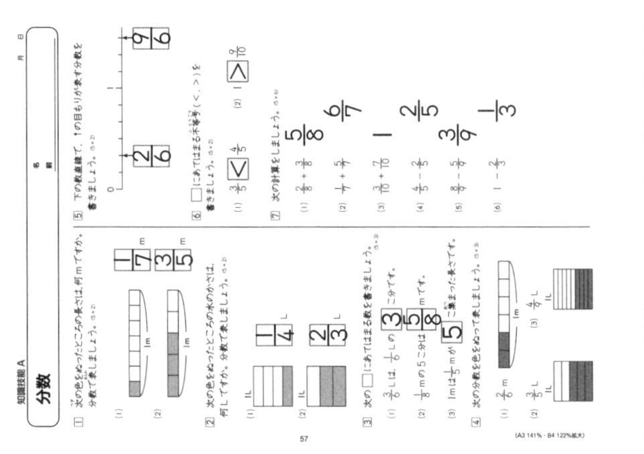

P58

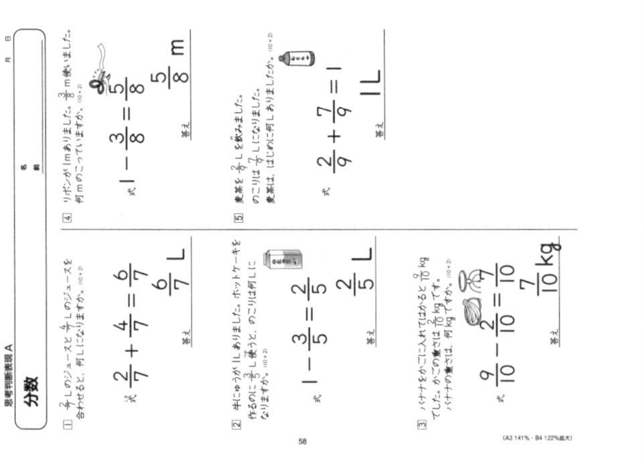

P59

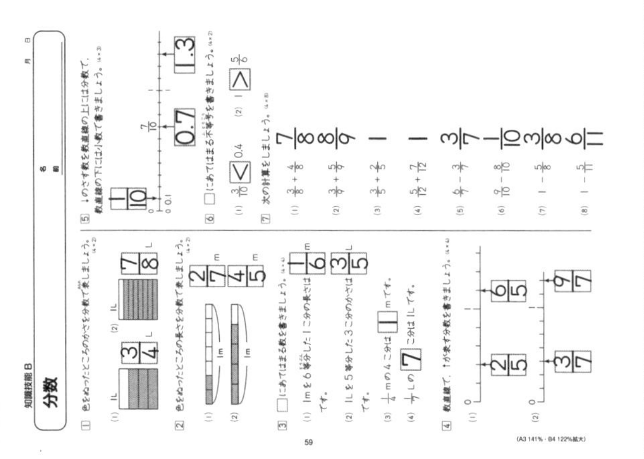

P60

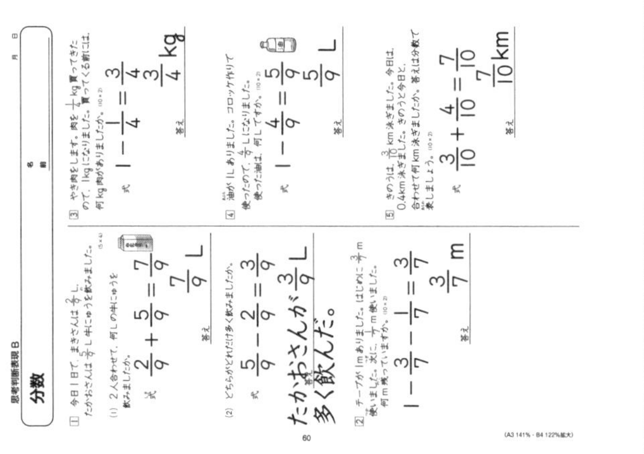

P61

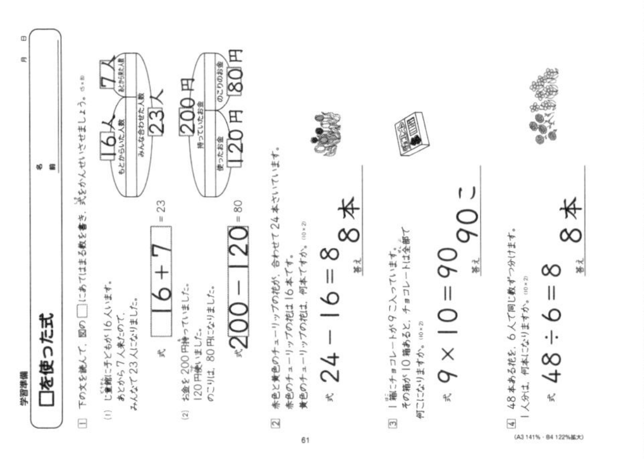

P62

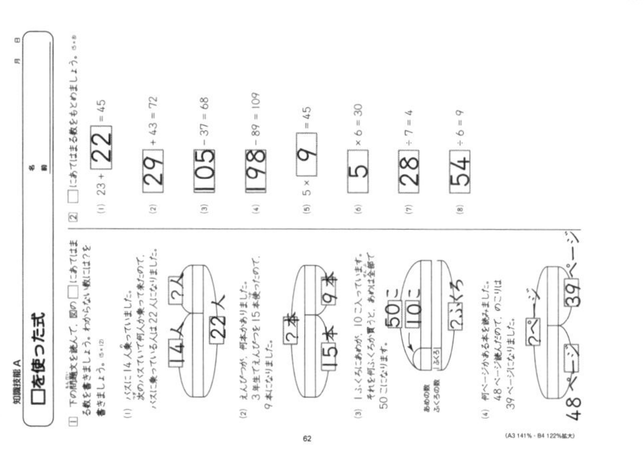

P63

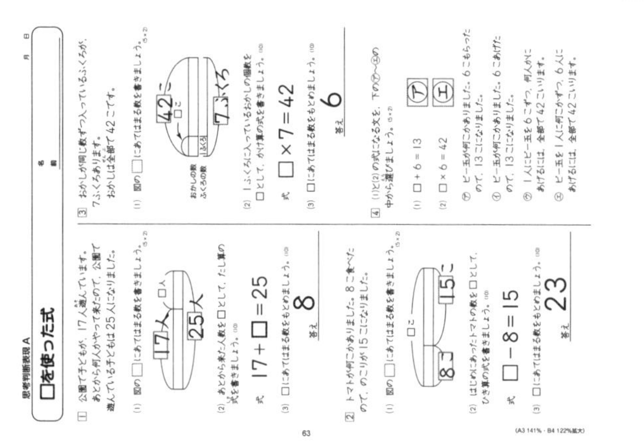

P64

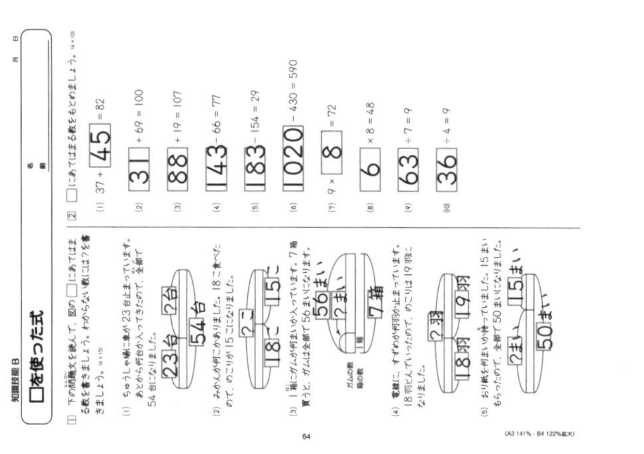

P65

思考判断表現 B

□を使った式

1 わからない数を□として，たし算の式に表して，□にあてはまる数をもとめましょう。

(1) しゅんやさんは，何まいかシールを持っていました。お兄さんから 19 まいもらったので，全部で 33 まいになりました。（はじめに持っていたまい数を□にして，式に表しましょう。）

□＋19＝33　答え 14

(2) 80 円のパンと何円かのジュースを買うと，代金は 210 円でした。（ジュースの代金を□にして，式に表しましょう。）

80＋□＝210　答え 130

2 わからない数を□としてひき算の式に表して，□にあてはまる数をもとめましょう。

(1) さとうが何 g かありました。おかしを作るのに 120g 使ったので，180g になりました。（はじめにあったさとうの重さを□にして，式に表しましょう。）

□－120＝180　答え 300

(2) お金を何円か持っていました。125 円のおかしを買うと，のこりは 155 円になりました。（はじめに持っていたお金を□にして，式に表しましょう。）

□－125＝155　答え 280

3 わからない数を□としてかけ算の式に表して，□にあてはまる数をもとめましょう。

(1) 1 まい 5 円のおり紙を何まいか買うと，代金は 30 円でした。（おり紙を買ったまい数を□にして，式に表しましょう。）

式 5×□＝30　答え 6

(2) 同じ本数ずつの花たばを作ります。花たばを 7 たば作ると，花は全部で 35 本使いました。（1 たばの花の本数を□にして，式に表しましょう。）

式 □×7＝35　答え 5

4 ①と②の式になる文を，下の㋐〜㋓の中からえらびましょう。

① □×6＝42　㋑

② □÷6＝7　㋒

㋐ いちごが何こかありました。6 こもらったので，42 こになりました。

㋑ 1 人に同じ数ずついちごをくばります。6 人にくばると，全部で 42 こいちごがいります。

㋒ 何こかあるいちごを 6 人に同じ数ずつくばると，7 こずつくばれました。

㋓ いちごが何こかありました。6 こ食べたので，のこりは 7 こになりました。

P66

学習準備

かけ算の筆算 (2)

1 次の計算を筆算でしましょう。

(1) 32×4　128
(2) 27×3　81
(3) 85×4　340
(4) 73×8　584
(5) 86×5　430
(6) 75×8　600
(7) 49×7　343
(8) 425×6　2550
(9) 875×9　7875
(10) 679×8　5432

2 次の計算をしましょう。

(1) 8×10　80
(2) 49×10　490

3 1 本が 98 円のジュースを 6 本買います。代金は，何円になりますか。

式 98×6＝588　答え 588 円

4 175cm のリボンを 8 本作ります。リボンは，全部で何 m あればいいですか。

式 175×8＝1400
1400cm＝14m　答え 14m

P67

知識技能 A

かけ算の筆算 (2)

1 13×24 の筆算をします。□にあてはまる数を書きましょう。

```
    1 3
  × 2 4
    5 2  ← 13×4 ＝ 52
  2 6    ← 13×20＝ 260
  3 1 2  ← 合わせる
```

2 次の計算をしましょう。

(1) 5×70　350
(2) 30×60　1800
(3) 23×30　690

3 25×4＝100 を使って，次の計算をします。□にあてはまる数を書きましょう。

(1) 25×16＝25×4×4
＝100×4
＝400

(2) 25×28＝25×4×7
＝100×7
＝700

4 次の計算を筆算でしましょう。

(1) 34×21　714
(2) 70×12　840
(3) 64×57　3648
(4) 57×46　2622
(5) 93×86　7998
(6) 18×74　1332
(7) 36×46　1656
(8) 89×76　6764
(9) 243×42　10206
(10) 867×49　42483

P68

思考判断表現 A

かけ算の筆算 (2)

1 子どもが 28 人います。1 人に 36 まいずつおり紙をくばります。おり紙は，何まいいりますか。

式 36×28＝1008　答え 1008 まい

2 1 本 96 円のジュースを 48 本買います。代金は，何円になりますか。

式 96×48＝4608　答え 4608 円

3 はるひさんのクラスは 29 人です。バスに乗って社会見学に行きます。バス代は，1 人が 650 円になります。バス代は，全員で何円になりますか。

式 650×29＝18850　答え 18850 円

4 かざりを作るために，85cm のテープを 72 本用意します。テープは，全部で何 cm いりますか。また，それは何 m 何 cm ですか。

式 85×72＝6120　答え 6120 cm　61 m 20 cm

5 次の計算はまちがっています。まちがっているわけを下からえらんで□に記号を書き，正しい筆算をしましょう。

(1)

```
    5 7
  × 4 3
  1 7 1
  2 2 8
  3 9 9
```

イ

正しい筆算

```
      5 7
    × 4 3
    1 7 1
  2 2 8
  2 4 5 1
```

(2)

```
    2 7
  × 8 4
    8 8
  2 1 6
  2 2 4 8
```

ウ

正しい筆算

```
      2 7
    × 8 4
    1 0 8
  2 1 6
  2 2 6 8
```

ア　0 をかけることをしていないから。
イ　十の位をかけた答えを書くいちを，まちがっているから。
ウ　くり上がった数を合わせていないから。

P69

知識技能 B

かけ算の筆算 (2)

1 34×26 の筆算のしかたをせつ明します。□にあてはまる数を書きましょう。

① 34×6 の計算をします。204 になります。
② 34×20 の計算をします。680 になります。一の位の 0 は書きません。
③ ①と②の答えを合わせます。答えは 884 になります。

2 次の計算をしましょう。

(1) 6×80　480
(2) 40×70　2800
(3) 32×30　960
(4) 42×40　1680

3 50×2＝100 や 25×4＝100 を使って，次の計算をします。□にあてはまる数を書きましょう。

(1) 50×47×2＝47×50×2
＝47×100
＝4700

(2) 25×86×4＝86×25×4
＝86×100
＝8600

(3) 25×32＝25×4×8
＝100×8
＝800

4 次の計算を筆算でしましょう。

(1) 32×24　768
(2) 80×47　3760
(3) 45×60　2700
(4) 83×49　4067
(5) 34×84　2856
(6) 28×74　2072
(7) 63×78　4914
(8) 25×84　2100
(9) 73×47　3431
(10) 89×76　6764
(11) 38×96　3648
(12) 456×32　14592

P70

思考判断表現 B

かけ算の筆算 (2)

1 あめが入ったふくろが 35 ふくろあります。1 ふくろには 24 こずつ入っています。あめは，全部で何こありますか。

式 24×35＝840　答え 840 こ

2 1 箱が 125 円のおかしを 16 こと，280 円の飲みものを 1 本買います。代金は，いくらになりますか。

125×16＝2000
2000＋280＝2280　答え 2280 円

3 1 まい 56 円の用紙を 17 まい買って，1000 円をはらいました。おつりは，何円になりますか。

式 56×17＝952
1000－952＝48　答え 48 円

4 18 人に 250mL ずつジュースをつぎます。ジュースは全部で何 mL いりますか。また，それは何 L 何 dL ですか。

式 250×18＝4500　答え 4500 mL　4 L 5 dL

5 次の計算はまちがっています。まちがっているところを書き，正しい筆算をしましょう。

(1)

```
    9 4
  × 2 7
  6 5 8
  1 8 8
  8 4 6
```

正しい筆算

```
      9 4
    × 2 7
    6 5 8
  1 8 8
  2 5 3 8
```

まちがっているところ：94×2 の答えを書くいち。

(2)

```
      5 0 7
    ×   9 6
      3 4 2
  4 5 6 3
  4 5 9 7 2
```

正しい筆算

```
      5 0 7
    ×   9 6
    3 0 4 2
  4 5 6 3
  4 8 6 7 2
```

まちがっているところ：507×6 の 5×6 の答えを書くいち。

P71

学習準備

三角形と角

1 □にあてはまる言葉を，□からえらんで書きましょう。

三角形　辺　ちょう点　四角形

(1) 3 本の直線でかこまれた形を 三角形 といいます。
(2) 4 本の直線でかこまれた形を 四角形 といいます。
(3) 図の→がさしているところの名前を書きましょう。　ちょう点　辺

2 次の三角形の線を，引いてある線のつづきにかきましょう。

(1) 直角になる 2 つの辺の長さが 3cm と 4cm の三角形
(2) 直角になる 2 つの辺の長さが 2cm と 4cm の三角形
(3) 直角になる 2 つの辺の長さが 4cm と 4cm の三角形

（例）

3 コンパスを使って，交わる点を見つけましょう。

(1) 点アから 3cm，点イから 4cm で交わる点
(2) 点カから 3cm，点キからも 3cm で交わる点
(3) 点サから 4cm，点シからも 4cm で交わる点

略

P72

知識技能 A

三角形と角

1 下の図の中から，二等辺三角形と正三角形を見つけて，記号を書きましょう。

二等辺三角形　う　お
正三角形　い　き

2 下の二等辺三角形について答えましょう。

(1) 辺アウの長さは何 cm ですか。　5 cm
(2) 角の大きさが等しいのは，どの角とどの角ですか。　角 イ と 角 ウ

3 下の正三角形について答えましょう。

(1) 辺アイと辺アウは何 cm ですか。　4 cm
(2) 大きさが等しい角は何こありますか。　3 こ

4 下のあから②の角を見て答えましょう。

(1) いちばん大きい角は，どれですか。　あ
(2) いちばん小さい角は，どれですか。　う

5 2 つの三角じょうぎを見て答えましょう。

(1) イの角と等しい角はどれですか。　角 カ
(2) 三角じょうぎの角の中で，いちばん小さい角はどれですか。　角 ウ

6 次の三角形をかきましょう。

(1) 辺の長さが 3cm，3cm，4cm の二等辺三角形　略
(2) 辺の長さが 3cm，5cm，5cm の二等辺三角形　略
(3) 1 辺の長さが 4cm の正三角形　略

P73

思考判断表現 A

三角形と角

1 下の図のように三角じょうぎを 2 まいならべると，何という三角形ができますか。また，そのわけを書きましょう。

二等辺三角形

わけ：同じ三角じょうぎをならべているので，辺アイと辺アウの長さが等しいから。

2 下の図のように，紙を半分におって点線のところで切って広げると，何という三角形になりますか。

正三角形

3 下の図の円は半径が 5cm で，点アは円の中心です。

(1) あは何という三角形ですか。　二等辺三角形
(2) いは何という三角形ですか。　正三角形

児童に実施させる前に，必ず指導される方が問題を解いてください。本書の解答は，あくまでも１つの例です。指導される方の作られた解答をもとに，本書の解答例を参考に児童の多様な考えに寄り添って○つけをお願いします。

P74

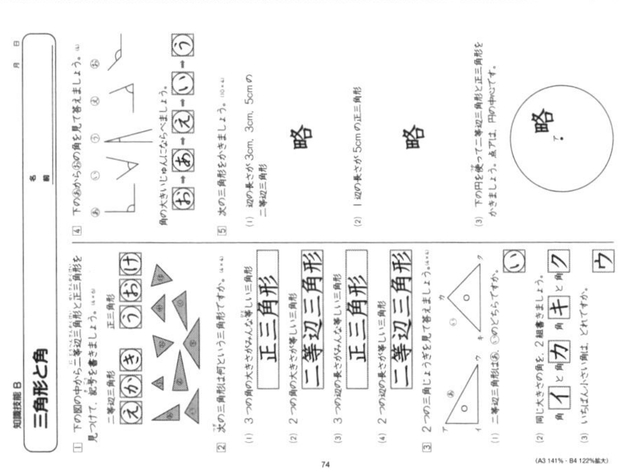

P75

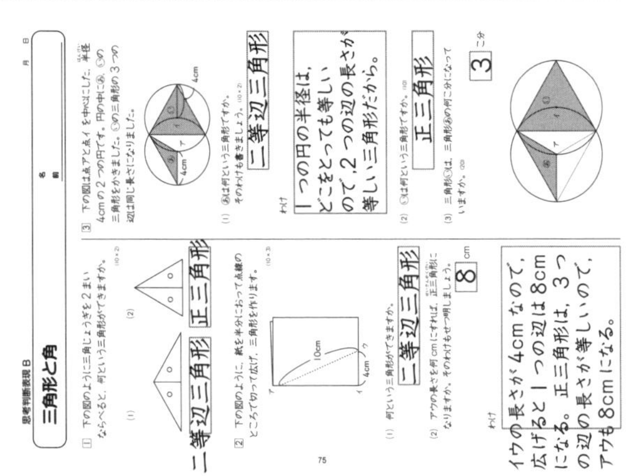

P76

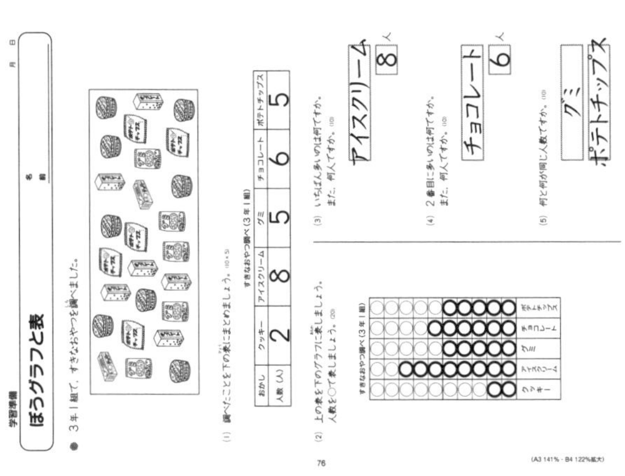

P77

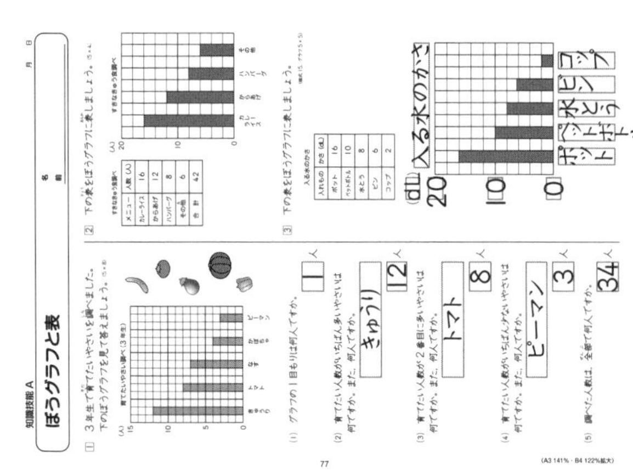

P78

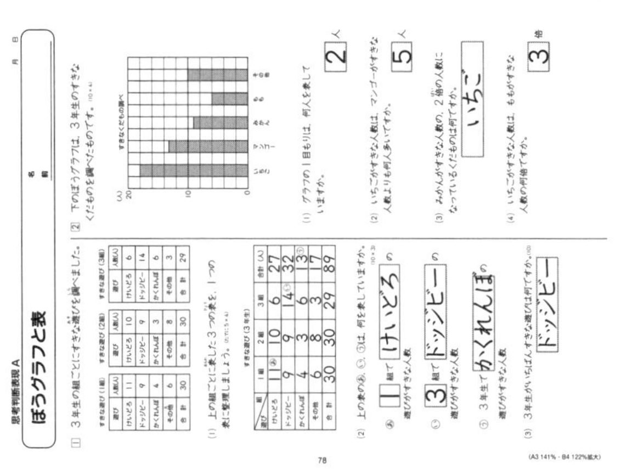

P79

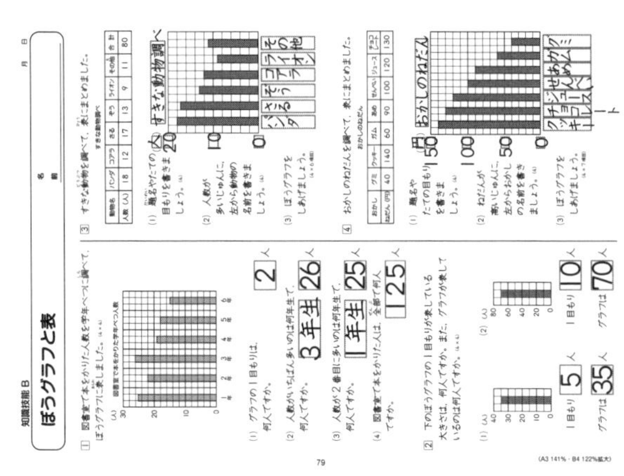

P80

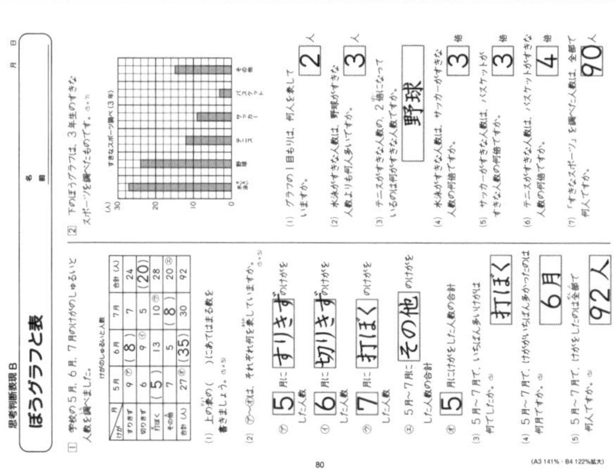

P81

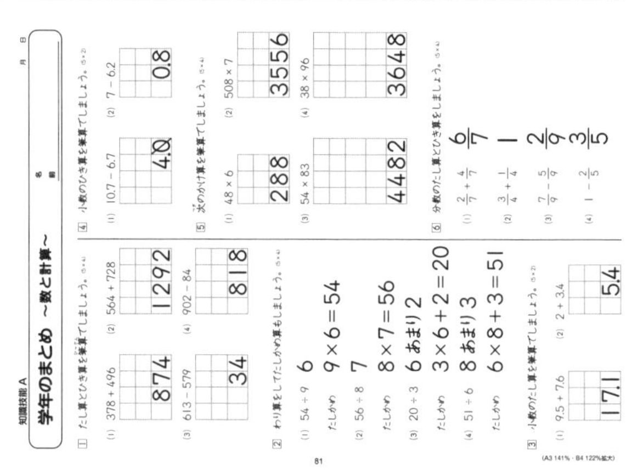

P82

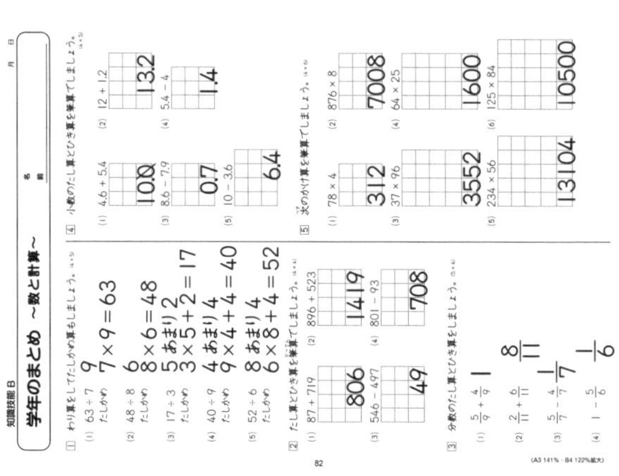

児童に実施させる前に，必ず指導される方が問題を解いてください。本書の解答は，あくまでも１つの例です。指導される方の作られた解答をもとに，本書の解答例を参考に児童の多様な考えに寄り添って○つけをお願いします。

P83

知識技能 A　　月　日

学年のまとめ ～図形と測定～　名前

1 □にあてはまる言葉《ことば》や数を書きましょう。(5×4)

(1) ア，イ，ウは，それぞれ円の何といいますか。

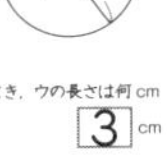

ア 中心
イ 直径
ウ 半径

(2) イの長さが 6cm のとき，ウの長さは何 cm ですか。　3 cm

2 まきじゃくの↓がさしている目もりを読みましょう。(5×4)

(1) 7m25cm　(2) 8m3cm

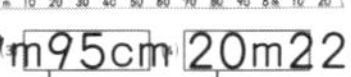

(3) 19m95cm　(4) 20m22cm

3 下のはかりを見て答えましょう。(5×3)

(1) このはかりは，何 kg まではかれますか。　2kg

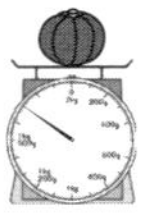

(2) いちばん小さい１目もりは，何 g を表《あらわ》していますか。　10g

(3) かぼちゃの重《おも》さは，何 kg 何 g ですか。　1kg700g

4 □にあてはまる数を書きましょう。(5×3)

(1) 1600m = 1 km 600 m

(2) 1kg = 1000 g

(3) 1t = 1000 kg

5 □にあてはまるたんいを書きましょう。(5×2)

(1) 遠足で歩く道のり　4 km

(2) １円玉の重さ　1 g

6 次《つぎ》の円や三角形をかきましょう。(10×2)

(1) 直径《ちょっけい》 4cm の円

・略

(2) 辺《へん》の長さが 3cm，5cm，5cm の二等辺三角形《にとうへんさんかくけい》

略

83　(A3 141%・B4 122%拡大)

P84

思考判断表現 A　　月　日

学年のまとめ ～文章題～　名前

1 42 人が 7 チームに分かれてリレーをします。１チームの人数は，何人になりますか。(10×2)

式 $42 \div 7 = 6$

答え 6人

2 畑《はたけ》でとれた 51 本のきゅうりを，6 本ずつふくろに入れます。
何ふくろできて，きゅうりは何本あまりますか。(10×2)

式 $51 \div 6 = 8$ あまり 3

答え 8ふくろできて3本あまる。

3 おり紙を１人あたり 48 まいずつ，28 人にくばります。
おり紙は，何まいあればいいですか。(10×2)

式 $48 \times 28 = 1344$

答え 1344まい

4 400g の箱《はこ》にみかんを入れて重《おも》さをはかると，ちょうど 5kg でした。
入れたみかんの重さは，どれだけですか。(10×2)

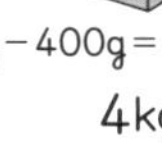

$5kg - 400g = 4kg600g$

答え 4kg600g または 4600g

5 駅《えき》について時計を見ると，10 時 15 分でした。
家から駅まで 30 分間かかりました。

(1) 何時何分に家を出ましたか。(10)

9時45分

(2) 10 時 30 分発の電車に乗《の》って，目てきの駅に着くのは，11 時 5 分になるそうです。
電車に乗っている時間は，何分間になりますか。(10)

35分間

84　(A3 141%・B4 122%拡大)

P85

知識技能 B　　月　日

学年のまとめ ～文章題～　名前

1 買い物をして 598 円使うと，302 円残りました。はじめに何円もっていましたか。(5×2)

式 $598 + 302 = 900$

答え 900円

2 花が 32 本あります。7 本で１たばにします。7 本の花たばは，何たばできますか。(5×2)

式 $32 \div 7 = 4$ あまり 4

答え 4たば

3 85cm のテープを 28 本作ります。
テープは，全部《ぜんぶ》で何 m 何 cm いりますか。(5×2)

式 $85 \times 28 = 2380$

答え 23m80cm

4 大きい水とうには 2L，小さい水とうには 1.2L お茶が入ります。大きい水とうの方が，何 L 多く入りますか。(5×2)

式 $2 - 1.2 = 0.8$

答え 0.8L

5 ふみやさんの家から公園までの道のりは，何 km 何 m ですか。(5×2)

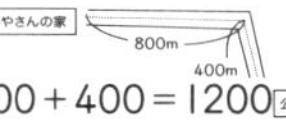

$800 + 400 = 1200$

答え 1km200m

6 リボンが 1m ありました。ここなさんは，工作に $\frac{3}{7}$ m 使いました。しゅんやさんも $\frac{2}{7}$ m 使いました。のこりは何 m ですか。(5×2)

式 $1 - \frac{3}{7} - \frac{2}{7} = \frac{2}{7}$

答え $\frac{2}{7}$ m

7 体重《たいじゅう》が 27kg のかおるさんが，ねこをだっこして体重計ではかったら，32kg400g でした。ねこの体重は，何 kg 何 g ですか。

$32kg400g - 27kg = 5kg400g$

答え 5kg400g

8 70 このいちごを，8 人で同じ数ずつ分けます。１人分は何こで，何こあまりますか。

式 $70 \div 8 = 8$ あまり 6

答え 8こずつで6こあまる。

9 42 人います。長いす１きゃくに，5 人

$42 \div 5 = 8$ あまり 2 ┐ すわれば，

$8 + 1 = 9$

答え 9きゃく

10 きのうは１時間 20 分野球《やきゅう》の練習《れんしゅう》をしました。今日は 50 分しました。合わせると何時間何分練習しましたか。

１時間20分＋50分＝2時間10分

答え 2時間10分

85　(A3 141%・B4 122%拡大)

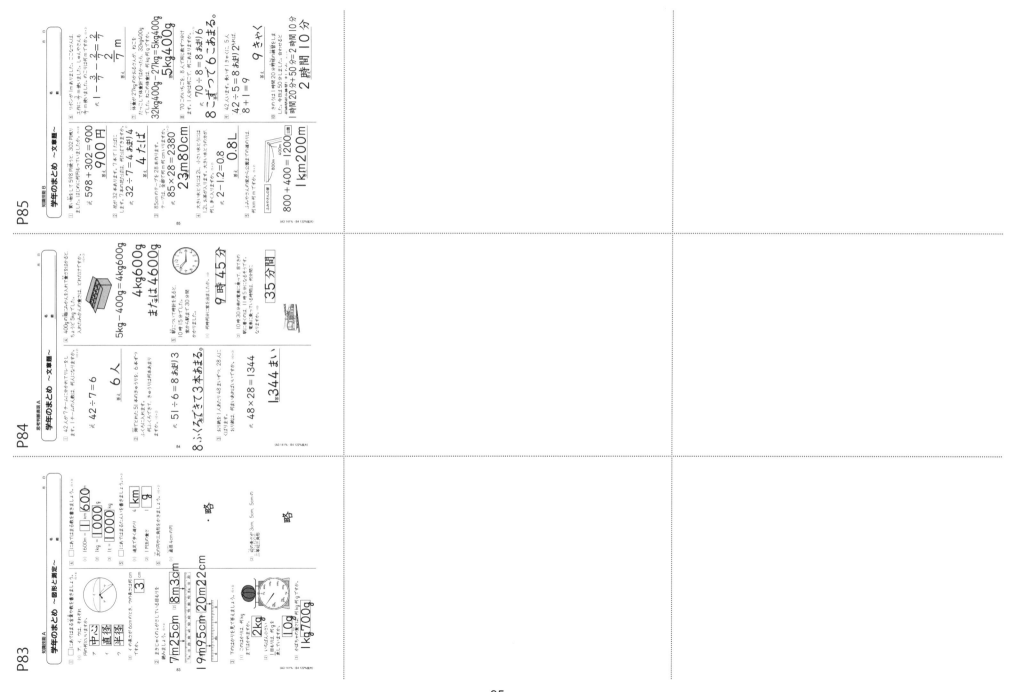

コピーしてすぐ使える　観点別で評価ができる
教科書算数テストプリント　３年

2021 年 7 月 1 日　　第 1 刷発行

著　　　者：新川　雄也
企画・編集：原田　善造（他 8 名）

発行者：　岸本 なおこ
発行所：　喜楽研（わかる喜び学ぶ楽しさを創造する教育研究所）
〒 604-0827　京都府京都市中京区高倉通二条下ル瓦町 543-1
TEL　075-213-7701　FAX　075-213-7706
HP　https://www.kirakuken.co.jp/
印　刷：　創栄図書印刷株式会社

ISBN：978-4-86277-337-1

Printed in Japan